Você e a Astrologia

CÂNCER

Bel-Adar

Você e a Astrologia

CÂNCER

*Para os nascidos de
21 de junho a 21 de julho*

Editora
Pensamento
SÃO PAULO

Copyright edição brasileira © 1968 Editora Pensamento-Cultrix Ltda.

14ª edição 2012.

Todos os direitos reservados. Nenhuma parte desta obra pode ser reproduzida ou usada de qualquer forma ou por qualquer meio, eletrônico ou mecânico, inclusive fotocópias, gravações ou sistema de armazenamento em banco de dados, sem permissão por escrito, exceto nos casos de trechos curtos citados em resenhas críticas ou artigos de revistas.

A Editora Pensamento não se responsabiliza por eventuais mudanças ocorridas nos endereços convencionais ou eletrônicos citados neste livro.

Dados Internacionais de Catalogação na Publicação (CIP)
(Câmara Brasileira do Livro, SP, Brasil)

Bel-Adar
    Você e a astrologia : câncer : para os nascidos de 21 de junho a 21 de julho / Bel-Adar. – São Paulo : Pensamento, 2009.

    13ª reimpr. da 1ª ed. de 1968.
    ISBN 978-85-315-0713-7

    1. Astrologia 2. Horóscopos I. Título.

08-11127   CDD-133.5

Índices para catálogo sistemático:
1. Astrologia 133.5

Direitos reservados
EDITORA PENSAMENTO-CULTRIX LTDA.
Rua Dr. Mário Vicente, 368 — 04270-000 — São Paulo, SP
Fone: (11) 2066-9000 — Fax: (11) 2066-9008
E-mail: atendimento@editorapensamento.com.br
http://www.editorapensamento.com.br
Foi feito o depósito legal

ÍNDICE

ASTROLOGIA 7

O ZODÍACO.. 15

CÂNCER, O CARANGUEJO.. 19

NATUREZA CÓSMICA DE CÂNCER 21

O elemento água, 21. Vibração, 23. Polaridade, 24. Ritmo, 26. Fecundidade, 28. Figura simbólica. 28. Júpiter em Câncer, 30. Marte em Câncer, 30. Saturno em Câncer, 31. Síntese, 31.

O CANCERIANO 35

Como identificar um canceriano, 35. A fé e o tempo, 36. O misticismo, 38. A imaginação, 39. A mulher de Câncer, 42. A Lua Negra, 43. Amor e ódio, 46. Síntese, 48.

O DESTINO 51

Evolução material, 53. Família, 55. Amor, 56. Filhos, 57. Posição social, 58. Finanças, 59. Saúde, 62. Amigos, 64. Inimigos, 65. Viagens, 66. Profissões, 67. Síntese, 69.

A CRIANÇA DE CÂNCER 71

O TRIÂNGULO DE ÁGUA 75

AS NOVE FACES DE CÂNCER 79

Tipo Canceriano–Lunar, 79. Tipo Canceriano–Marciano, 81. Tipo Canceriano–Netuniano, 84.

CÂNCER E O ZODÍACO 87

Câncer–Áries, 89. Câncer–Touro, 92. Câncer–Gêmeos, 95. Câncer–Câncer, 99. Câncer–Leão, 102. Câncer–Virgem, 106. Câncer–Libra, 109. Câncer–Escorpião, 112. Câncer–Sagitário, 116. Câncer–Capricórnio, 119. Câncer–Aquário, 123. Câncer–Peixes, 126.

LUA, REGENTE DE CÂNCER.. 131

Simbolismo das cores, 136. A magia das pedras e dos metais, 139. A mística das plantas e dos perfumes, 140.

CÂNCER E OS SETE DIAS DA SEMANA............................. 143

Segunda-Feira, 143. Terça-Feira, 145. Quarta-Feira, 146. Quinta-Feira, 147. Sexta-Feira, 148. Sábado, 149. Domingo, 150.

MITOLOGIA... 153

Câncer, 153. Diana, a Lua, 156.

ASTRONOMIA 161

A constelação de Câncer, 161. A Lua, 162.

ALGUNS CANCERIANOS FAMOSOS.................................. 167

ASTROLOGIA

Mergulhando no passado, em busca das origens da Astrologia, descobre-se que ela já existia, na Mesopotâmia, trinta séculos antes da Era Cristã. No século VI a.C., atingiu a Índia e a China. A Grécia recebeu-a em seu período helênico e transmitiu-a aos romanos e aos árabes. Caldeus e egípcios a praticaram; estes últimos, excelentes astrônomos e astrólogos, descobriram que a duração do ano era de 365 dias e um quarto e o dividiram em doze meses, de trinta dias cada, com mais cinco dias excedentes.

Foram os geniais gregos que aperfeiçoaram a Ciência Astrológica e, dois séculos antes da nossa era, levantavam horóscopos genetlíacos exatamente como os levantamos hoje. Criaram o zodíaco intelectual, com doze signos de trinta dias, ou trinta graus cada, e aos cinco dias restantes deram o nome de epagômenos. Delimitaram a faixa zodiacal celeste, sendo que os primeiros passos para isso foram dados pelo grande filósofo Anaximandro e por Cleostratus. Outro filósofo, de nome Eudoxos, ocupou-se de um processo chamado *catasterismo*, identificando as estrelas com os deuses. Plutão associou o Sol a um deus composto, Apolo-Hélios, e criou um sistema de teologia astral. Hiparcus, um dos maiores gregos de todos os tempos, foi apologista fervoroso do poder dos astros, e epicuristas e estóicos, que compunham as duas mais poderosas frentes filosóficas que o homem jamais conheceu, dividiam suas opiniões; enquanto os epicuristas rejeitavam a Astrologia, os estóicos a defendiam ardentemente e cultivavam a teoria da *simpatia universal*, ligando o pequeno mundo do homem, o microcosmo, ao grande mundo da natureza, o macrocosmo.

Os antigos romanos relutaram em aceitar a ciência dos astros, pois tinham seus próprios deuses e processos divinatórios. Cícero repeliu-a mas Nigidius Figulus, o homem mais culto de sua época, defendeu-a com ardor. Com o Império ela triunfou e César Augusto foi um dos seus principais adeptos. Com o domínio do cristianismo perdeu sua característica de conhecimento sagrado, para manter-se apenas como arte divinal, pois os cristãos opunham a vontade do Criador ao determinismo das estrelas. Esqueceram-se, talvez, que foi o Criador quem fez essas mesmas estrelas e, segundo o Gênese, cap. 1, vers. 14, ao criá-las, disse:

"...e que sejam elas para sinais e para tempos determinados..."

Nos tempos de Carlos Magno, a Astrologia se espalhou por toda a Europa. Mais tarde, os invasores árabes reforçaram a cultura européia e a Ciência Astronômica e Astrológica ao divulgarem duas obras de Ptolomeu, o Almagesto e o Tetrabiblos. Na Idade Média ela se manteve poderosa e nem mesmo o advento da Reforma conseguiu prejudicá-la, sendo que dois brilhantes astrônomos dessa época, Ticho Brahe e Kepler, eram, também, eminentes astrólogos.

Hoje a Ciência Astrológica é mundialmente conhecida e, embora negada por uns, tem o respeito da maioria. Inúmeros tratados, onde competentes intelectuais estabelecem bases racionais e milhares de livros, revistas e almanaques populares são publicados anualmente e exemplares são permutados entre todos os países. Gradualmente ela vem sendo despida de suas características de adivinhação e superstição, para ser considerada em seu justo e elevado valor, pois é um ramo de conhecimento tão respeitável quanto a Psicologia, a Psicanálise, a Psiquiatria ou a Parapsicologia, que estudam e classificam os fenômenos sem testes de laboratório e sem instrumentos de física, empregando, apenas, a análise e a observação.

Os cientistas de nossa avançada era astrofísica e espacial já descobriram que, quando há protuberâncias no equador solar ou explodem bolhas gigantescas em nosso astro central, aqui, na Terra, em conseqüência dessas bolhas e explosões, seres humanos sofrem ataques apopléticos ou são vitimados por embolias; isto acontece porque a Terra é bombardeada por uma violenta tempestade de elétrons e ondas curtas, da natureza dos Raios Roentgen, que emanam das crateras deixadas por essas convulsões solares e que causam, nos homens, perturbações que podem ser medidas por aparelhos de física e que provocam os espasmos arteriais, aumentando a mortalidade. Usando-se um microscópio eletrônico, pode-se ver a trajetória vertiginosa dos elétrons, atravessando o tecido nervoso de um ser humano; pode-se, também, interromper essa trajetória usando campos magnéticos. Raios cósmicos, provindos de desconhecidos pontos do Universo, viajando à velocidade de 300 000 quilômetros por segundo e tendo um comprimento de onda de um trilionésimo de milímetro, caem como chuva ininterrupta sobre a Terra, varando nossa atmosfera e atravessando paredes de concreto e de aço com a mesma facilidade com que penetram em nossa caixa craniana e atingem nosso cérebro. Observações provaram que a Lua influencia as marés, o fluxo menstrual das mulheres, o nascimento das crianças e animais, a germinação das plantas e provoca reações em determinados tipos de doentes mentais.

É difícil, portanto, admitir esses fatos e, ao mesmo tempo, negar que os astros possam emitir vibrações e criar campos magnéticos que agem sobre as criaturas humanas; é, também, difícil negar que a Astrologia tem meios para proporcionar o conhecimento do temperamento, caráter e conseqüente comportamento do homem, justamente baseando-se nos fenômenos cósmicos e nos efeitos magnéticos dos planetas e estrelas. Um cético poderá observar que está pronto a considerar que é possível classificar, com acerto, as criaturas dentro de doze signos astrológicos mas que acha absurdo prever o destino por meio dos astros. Objetamos, então, que o destino de uma pessoa resulta de uma série de fatores, sendo que os mais importantes, depois do seu caráter e temperamento, são o seu comportamento e as suas atitudes mentais. Pode-se, por conseguinte, com conhecimentos profundos da Astrologia, prever muitos acontecimentos, com a mesma base científica que tem o psiquiatra, que pode adivinhar o que acontecerá a um doente que tem mania de suicídio, se o deixarem a sós, em um momento de depressão, com uma arma carregada.

Muitos charlatães têm a vaga noção de que Sagitário é um cavalinho com tronco de homem e Capricórnio é um signo que tem o desenho engraçado de uma cabra com rabinho de peixe. Utilizando esse "profundo" conhecimento, fazem predições em revistas e jornais, com razoável êxito financeiro. Outros "astrólogos", mais alfabetizados, decoram as induções básicas dos planetas e dos signos e depois, entusiasmados, fazem horóscopos e previsões de acontecimentos que não se realizam: desse modo, colocam a Astrologia em descrédito, da mesma forma que seria ridícula a Astronáutica se muitos ignorantes se metessem a construir espaçonaves em seus quintais. Devem todos, pois, fugir desses mistificadores como fugiriam de alguém que dissesse ser médico sem antes ter feito os estudos necessários. Os horóscopos só devem ser levantados por quem tem conhecimento e capacidade e só devem ser acatadas publicações endossadas por nomes respeitáveis ou por organizações de reconhecido valor, que se imponham por uma tradição de seriedade e rigor.

A Astrologia não é um negócio, é uma Ciência; Ciência capaz de indicar as nossas reais possibilidades e acusar as falhas que nos impedem de realizar nossos desejos e os objetivos da nossa personalidade; capaz de nos ajudar na educação e orientação das crianças de modo a que sejam aproveitadas, ao máximo, as positivas induções do signo presente no momento natal; que pode apontar quais os pontos fracos do nosso corpo, auxiliando-nos a preservar a saúde; essa ciência nos mostrará as afinidades e hostilidades existentes entre os doze tipos zodiacais de modo que possamos ter felicidade no lar, prosperidade nos negócios, alegria com os amigos e relações harmônicas com todos os nossos semelhantes. As estrelas, enfim, nos desvendarão seus mistérios e nos ensinarão a solucionar os transcendentes problemas do homem e do seu destino, dando-nos a chave de ouro que abrirá as portas para uma vida feliz e harmônica, onde conheceremos mais vitórias do que derrotas.

BEL-ADAR

O ZODÍACO

O zodíaco é uma zona circular cuja eclíptica ocupa o centro. É o caminho que o Sol parece percorrer em um ano e nela estão colocadas as constelações chamadas zodiacais que correspondem, astrologicamente, aos doze signos. O ano solar (astronômico) e intelectual (astrológico) tem início em 21 de março, quando o Sol atinge, aparentemente, o zero grau de Áries, no equinócio vernal, que corresponde, em nossa latitude, à entrada do outono. Atualmente, em virtude da precessão dos equinócios, os signos não correspondem à posição das constelações, somente havendo perfeita concordância entre uns e outros a cada 25 800 anos, o que não altera, em nada, a influência cósmica dos grupos estelares em relação ao zodíaco astrológico.

Em Astrologia, o círculo zodiacal tem 360 graus e está dividido em doze Casas iguais, de 30 graus cada. Não há, historicamente, certeza de sua origem. Nos monumentos antigos da Índia e do Egito foram encontrados vários zodíacos, sendo os mais célebres o de

Denderah e os dos templos de Esné e Palmira. Provavelmente a Babilônia foi seu berço e tudo indica que as figuras que o compunham, primitivamente, foram elaboradas com os desenhos das estrelas que compõem as constelações, associados a certos traços que formam o substrato dos alfabetos assírio-babilônicos.

Cosmicamente, o zodíaco representa o homem arquetípico, contendo: o binário masculino-feminino, constituído pela polaridade *positivo-negativa* dos signos; o ternário rítmico da dinâmica universal, ou seja, os ritmos *cardinal, fixo e mutável;* o quaternário, que representa os dois aspectos da matéria, cinético e estático, que se traduzem por *calor e frio — umidade e secura.* Este quaternário é encontrado nas forças fundamentais — *radiante, expansiva, fluente* e *coesiva* — e em seus quatro estados de materialização elementar: *fogo, ar, água* e *terra.*

Na Cabala vemos que Kjokmah, o segundo dos três principais Sephirot, cujo nome divino é Jehovah, tem como símbolo a *linha,* e seu Chakra mundano, ou representação material, é Mazloth, o Zodíaco. Também a Cabala nos ensina que Kether, o primeiro e supremo Sephirahm cujo Chakra mundano é "Primeiro Movimento", tem, entre outros, o seguinte título, segundo o texto yetzirático: *Ponto Primordial.* Segundo a definição euclidiana, o ponto tem posição, mas não possui dimensão; estendendo-se, porém, ele produz a linha. Kether, portanto, é o Ponto Primordial, o princípio de todas as coisas, a fonte de energia não manifestada, que se estende e se materializa em Mazloth, o Zodíaco, cabalisticamente chamado de "O Grande Estimulador do Universo" e misticamente considerado como Adam Kadmon, o primeiro homem.

Pode-se, então, reconhecer a profunda e transcendente importância da Astrologia quando vemos no Zodíaco o Adam Kadmon, o homem arquetípico, que se alimenta espiritualmente através do cordão umbilical que o une ao logos e que está harmonicamente adaptado ao equilíbrio universal pelas leis de Polaridade e Ritmo expressas nos doze signos.

CÂNCER, O CARANGUEJO

Câncer é a quarta constelação zodiacal, corresponde ao quarto signo astrológico e seu domínio se estende sobre os dias que vão de 21 de junho a 21 de julho. A zero grau deste signo tem início o inverno, com suas tardes sombrias e suas noites geladas e longas; isto imprime nos cancerianos o medo da solidão e reforça sua principal característica que é a imaginação. Câncer pertence ao místico elemento que é a água e tem como figura simbólica o caranguejo, o animalzinho anfíbio que tanto gosta de aquecer-se aos raios do sol como de mergulhar na verde obscuridade do mar. A palavra-chave deste setor zodiacal é IMPRESSIONABILIDADE.

Segundo a Cabala Mística, o regente cósmico de Câncer é Muriel e a ordem dos anjos que lhe é atribuída na Magia Teúrgica é a das Dominações, ou seres celestiais que dominam sobre a forma. Nos mistérios da Ordem Rosa-Cruz vemos que as letras INRI colocadas no madeiro em que Jesus foi sacrificado, representam as iniciais dos quatro elementos, em língua hebraica;

Iam, água — *Nour*, fogo — *Ruach*, espírito ou ar vital — *Iabeshab*, terra — A água, elemento a que pertence Câncer, está indicado pelo I, na primeira letra da Cruz.

Como signo de água, nos quatro planos da Vida, Câncer está ligado ao plano Astral. De acordo com a Magia, ele é regido pelas Ondinas, criaturas que zelam pela fecundidade da Natureza, conforme nos indicam as belas palavras da oração utilizada nas invocações mágicas:

> "Rei terrível do mar, vós que guardais as chaves das cataratas do céu e que encerrais as águas subterrâneas nas cavernas da terra; rei do dilúvio e das chuvas da primavera, vós que abris os mananciais dos rios e das fontes, vós que fazeis com que a umidade, que é como o sangue da terra, se transforme em seiva das plantas, nós vos adoramos e vos invocamos..."

NATUREZA CÓSMICA DE CÂNCER

O elemento água

A água é fluente, interpenetrante e adaptável. Aparentemente passiva, adapta-se a todas as formas, modela-se dentro do cristal de uma jarra, submete-se aos limites de um dique, deixa-se canalizar e conduzir à vontade. Essa obediência, porém, é enganadora, pois ela também pode erguer-se em fúria e destruir tudo à sua passagem.

Os cancerianos são muito semelhantes à água. Podem ter sua qualidade móvel e fluente, tanto no plano das idéias como no terreno da atividade física. Possuem capacidade para dar de si e absorver dos outros. Vencem as situações adotando a prática da aparente submissão e escondem uma vontade poderosa sob uma capa de conveniente obediência. Possuem uma extraordinária capacidade de adaptação e podem desempenhar, com êxito, as mais importantes tarefas; mas geralmente fogem das grandes responsabilidades, não porque as temam, mas porque sempre preferem a tranqüilidade e a calma.

Geralmente os nativos dos signos de água parecem instáveis, mas essa instabilidade existe apenas na superfície. Com eles acontece o mesmo que com o mar, que é coberto por ondas inquietas, mas cresce em calma à medida que se aprofunda. Os cancerianos podem parecer indecisos quando são obrigados a tomar resoluções pouco importantes ou quando têm de resolver os pequenos problemas diários; mas quando sentem ameaçada a segurança daqueles a quem amam, ou quando têm um projeto em mente, demonstram uma vontade inflexível e inabalável.

O elemento água rege as sensações. Câncer dinamiza, principalmente, o tato, o olfato e o paladar. Certos cancerianos às vezes têm sentidos tão apurados que se tornam "provadores" profissionais de café, licores, etc. As pessoas mais hábeis para lidar na cozinha e preparar comidas saborosas e de tempero sempre igual, geralmente nascem neste signo que também dá aos seus nativos, além do gosto pela boa mesa, o amor às roupas bonitas e aos ambientes confortáveis.

No signo do Caranguejo também se apuram os sentidos psíquicos. Não raro os cancerianos têm o dom de ouvir vozes, sentir cheiros e perceber coisas que estão ocorrendo em outros locais. Intuitivos e sensíveis, às vezes causam surpresa até mesmo aos que os conhecem intimamente, agindo de forma aparentemente inexplicável, em desacordo com a lógica, mas em harmonia com sua intuição e com seus sentidos interiores.

Vibração

A posição de fuso angular confere a Câncer uma vibração intensa que, no entanto, é amortecida por sua polaridade passiva. Assim os cancerianos, embora interiormente impulsivos, ardentes e apaixonados, exteriormente são calmos, concentrados e cordatos: jamais possuindo a intensidade ativa de Áries ou a fria e inflexível personalidade de Capricórnio; assemelham-se mais aos tranqüilos e equilibrados librianos que, mesmo pertencendo a um signo cardeal, nunca agem por impulsos, mas, sim, pela razão.

Toda a intensidade ativa e volitiva dos signos angulares manifesta-se nos cancerianos quando eles têm de lutar por alguém que amam ou por algo que lhes pertence. Da mesma forma que o mar, que de modo lento porém seguro, destrói os obstáculos que se lhe antepõem, os nativos de Câncer também não cessam de combater enquanto não alcançam seu objetivo. Amáveis, alegres, afetivos e pacíficos, são dotados de uma vontade poderosa e têm uma capacidade enorme para suportar todas as coisas más que a vida traz.

A tempestade joga ao chão o orgulhoso carvalho, mas não abala o flexível bambu, que sabe dobrar-se para suportar seu sopro violento; a vida também derruba tipos astrológicos positivos e enérgicos, mas não consegue destruir o maleável nativo de Caranguejo, que sabe dobrar-se quando lhe convém.

Polaridade

Câncer é um signo de polaridade feminina ou negativa. Os termos positivo e negativo, feminino e masculino, quando empregados em relação a signos ou planetas, não indicam sexo ou debilidade: são apenas as classificações de duas espécies de energia. Chama-se de positivo ou masculino o planeta ou setor zodiacal que possui energia cinética e, portanto, impulsiona ou emite; enquanto feminino ou negativo, é aquele que tem energia estática, isto é, que recebe ou absorve.

Esta polaridade do signo do Caranguejo faz com que seus nativos tenham mais habilidade para complementar do que para comandar. Torna-os humanos, amáveis e lhes proporciona aptidão para realizar múltiplas tarefas, desde as mais simples até as mais complexas. Dificilmente, porém, o canceriano tem sucesso em postos de grande responsabilidade, principalmente aqueles relacionados com o elemento humano. No horóscopo fixo, Câncer é a Casa da Família e seus nativos sempre sofrem quando têm de despedir, multar, advertir ou punir.

A qualidade passiva e feminina deste signo dinamiza a sensibilidade, a intuição e a emotividade e dá aos que nascem sob seu influxo, aversão à força e à violência. Câncer é um dos mais cálidos e afetivos signos zodiacais, e os cancerianos sempre têm o coração aberto para todos aqueles que batem à sua porta. Como o mar que tudo recebe e guarda em seu seio, assim Câncer torna seus nativos sociáveis, compassivos e receptivos, sempre prontos para ouvir confissões e sempre dispostos a dar seu apoio a quem quer que seja. Também como o mar, que às vezes se enfurece, o Caranguejo pode determinar raros, porém perigosos, acessos de cólera, rebelião e brutalidade.

Os tipos elevados de Câncer podem demonstrar elevados dotes espirituais ou excepcionais qualidades artísticas ou literárias. Qualquer que seja a sua atividade, científica ou artística, ela será sempre orientada num sentido humano e pacífico. Seus tipos inferiores são rancorosos, vingativos, dominadores, rixentos e mesquinhos; são perigosos e podem ferir profundamente, como ferem os caranguejos, com suas tenazes afiadas.

Ritmo

Sendo casa angular zodiacal, Câncer é um signo impulsivo. No concerto cósmico universal, o ritmo tem três manifestações: é evolutivo no tempo, formativo no espaço, e cinético no movimento. Suas duas forças básicas, movimento e inércia, ou seja, impulso e estabilidade, criam uma terceira que funciona como agente de equilíbrio ou transição, que é o ritmo mutável. De acordo com a qualidade elementar do signo, seja ele de fogo, terra, ar ou água, sua qualidade rítmica assume diferentes aspectos. A impulsividade em Câncer está quase sempre relacionada com o plano das idéias, da imaginação, do psiquismo, e quase nunca se manifesta no campo material.

Uma estranha dualidade marca os nativos de Câncer, que poderiam ser comparados ao caranguejo, que na terra é deselegante, canhestro e pesado, e na água é rápido, ágil e agressivo. Os cancerianos mentalmente são os mais errantes, ativos e audaciosos viajantes, aventureiros, descobridores e conquistadores; fisicamente, porém, estão sempre enraizados ao lar e à família e só suportam mudanças quando podem carregar consigo desde os filhos até a última peça de mobília. São, interiormente, influenciados pela qualidade rítmica impulsiva deste signo e pela característica fluente do elemento água. Exteriormente, porém, são inibidos pela polaridade passiva do Caranguejo. Fisicamente são lentos, às vezes até preguiçosos. Mentalmente são superativos, possuindo raros dons imaginativos e criadores. Seu mundo interior é rico, movimentado, colorido e é para lá que fogem quando são obrigados a viver, materialmente, em desacordo com seus desejos.

O canceriano é um gigante na luta no seu lar. É incansável e não mede esforços para educar os filhos e proporcionar-lhes conforto e bem-estar. É cônjuge fiel, mesmo que não seja feliz. Seguro entre as quatro paredes do seu lar, como o caranguejo em sua casca, sabe adotar atitudes enérgicas e enfrentar as situações mais difíceis. Na rua, porém, em contato com estranhos, a demasiada sensibilidade o prejudica, sente-se inibido e não tem muita coragem para lutar e nem muita agressividade para arredar os competidores. Perde, então, muitas oportunidades que poderiam trazer-lhe fáceis vitórias.

Fecundidade

Câncer é um signo fecundo. Seu regente é a Lua, magicamente considerada como a Mãe-Natureza. Sob o misterioso influxo lunar, respiram os oceanos, regula-se o ciclo menstrual das mulheres e o nascimento das crianças; as plantas e animais proliferam, úteis ou inúteis, belos ou feios, sem atender ao sentido prático, apenas obedecendo à lei que ordena que tudo cresça e se multiplique.

A fecundidade, num signo, não indica apenas um grande número de filhos. Dependendo das condições planetárias no momento natal, os cancerianos às vezes nem terão descendência. Câncer cria, porém, determinadas condições que transmite aos seus nativos sob duas formas; no campo material determina família grande, muitos tios, tias, primos, filhos numerosos, amigos em quantidade, culto aos ancestrais e amor aos descendentes; no campo mental, assinala mente fértil, rica em idéias, grande sensibilidade e faculdade ilimitada para criar e imaginar os mais fascinantes e elaborados enredos, como os cancerianos Rider Haggard, Pearl Buck, Pirandello, La Fontaine.

Figura simbólica

Tendo como símbolo um caranguejo, Câncer é considerado signo animal. Pode proporcionar beleza física a alguns dos seus nativos, mas pode também imprimir a marca dos seus zootipos, que são a rã e a coruja. Quando os cancerianos sofrem influência muito forte da Lua, regente deste signo, seu traço mais marcante consiste nos olhos, muito redondos e às vezes protuberantes em excesso. Quase sempre, porém, o físico dos nativos do Caranguejo é mais fundido nos moldes da família; nunca são tipos originais e mais freqüentemente se parecem com a mãe ou o pai, a tia ou o avô.

Este signo às vezes traz o estigma da deformidade e em certos casos pode determinar alterações na aparência física, provocadas por disfunções glandulares ou acúmulo de água em determinadas partes do corpo.

O caranguejo é um animalzinho marinho. Psicologicamente, o mar é um símbolo materno, e Câncer no zodíaco fixo é a Casa da Família. Este signo, portanto, indica as gerações presentes, passadas e futuras; determina o respeito à tradição e assinala a influência dos ancestrais sobre o indivíduo.

Júpiter em Câncer

É no signo do Caranguejo que Júpiter, o planeta da generosidade, da Lei e da Ordem, encontra sua exaltação. Beneficiando-se extraordinariamente com a qualidade mística, sensível e adaptável de Câncer, este planeta encontra aí campo magnético propício às suas superiores vibrações.

Quando Júpiter está bem colocado no céu astrológico natal dos cancerianos, sua influência pode determinar tendência para a vida religiosa ou para as grandes obras de caráter social ou filantrópico.

Marte em Câncer

É no signo do Caranguejo que o planeta Marte encontra sua queda, isto é, tem suas qualidades diminuídas e sua ação inibida. Não agrada a Câncer a fogosa agressividade marciana, que inclina sempre à violência e ao domínio. A única água que convém a Marte, que é um planeta ígneo, é a água de Escorpião, o misterioso e turbulento signo que ocupa a Casa da Morte no zodíaco intelectual.

Câncer, com seu misticismo, sua sensibilidade, sua determinação passiva e suas características pacifistas, não oferece ambiente propício às vibrações marcianas, que aqui perdem toda sua força.

Saturno em Câncer

Saturno, frio, concentrado, desapaixonado e racional encontra seu exílio no signo do Caranguejo. Saturno representa o elemento terra e não se harmoniza com a adaptável e impressionável natureza de Câncer. Dominando a entrada do inverno, em nossa latitude, o Caranguejo faz com que a fértil e rica vegetação mergulhe em sono profundo, sofrendo apenas morte aparente, o que não agrada a Saturno, que gosta de exterminar com seu sopro gelado.

A influência saturnina, que é limitadora e coesiva, é prejudicada pela qualidade fluente e interpenetrante deste signo, que desvenda aos seus nativos o ilimitado mundo dos sonhos e da imaginação. A Lua, governante de Câncer, também é hostil a Saturno, pois ele timbra em aniquilar a vida exuberante que ela determina, apaga o cálido afeto que suas vibrações proporcionam e expõe os místicos sonhos lunares à fria luz da razão.

Síntese

Os que nascem sob os influxos dos signos de água sempre têm uma personalidade muito complexa. Câncer age em estreita harmonia com Escorpião e Peixes, que também pertencem ao elemento água, mas seus nativos diferem profundamente em temperamento e caráter. O canceriano é pacífico, humano e generoso; o escorpiano é violento, mental e ambicioso; o pisciano é instável, espiritual e indiferente.

Nem tudo, todavia, é paz, humanidade e generosidade no signo do Caranguejo. Ele também pode, às vezes, oferecer imagens fascinantes, porém estranhas, como o lírio que nasce nos charcos, ou visões hostis, como as serpentes que se escondem nos pântanos ou as assustadoras criaturas que vivem nos profundos abismos marinhos. Os cancerianos inferiores são perigosos porque trabalham na sombra. Traiçoeiros e pérfidos costumam vencer os adversários mais fortes, porque sempre atacam pelas costas.

Felizmente, quase sempre o canceriano apresenta o lado positivo do seu signo, que é de grande importância no zodíaco. Assim como Áries, sendo o primeiro signo angular, representa o indivíduo com todas as suas possibilidades ainda em estado latente, Câncer determina a família, ou o meio em que esse indivíduo irá crescer, educar-se e desenvolver suas tendências, positivas ou negativas.

O signo do Caranguejo desenvolve, em seus nativos, a instintiva necessidade de preservar as tradições, resguardar a família e cultuar os ancestrais. É como se os cancerianos acreditassem que a evolução, através das sucessivas encarnações, efetua-se na vida em grupo, ou seja, que nascemos dentro de um determinado clã ao qual nos ligamos na primeira encarnação e permanecemos ligados até a última. Este amor aos descendentes e culto aos antepassados também é determinado, nos cancerianos, pela vontade de eternizar a própria vida através da geração e da multiplicação; é, na verdade, uma vontade sábia, pois indica maior ligação com a alma da espécie do que com a alma individual.

O CANCERIANO

Como identificar um canceriano

Dá meio passo para trás antes de ir para a frente

Fala muito sobre a família

Temperamental

Símbolo: o caranguejo

Planeta regente: Lua

Casa natural: quarta

Elemento: água

Qualidade: cardinal

Regiões do corpo: peito, seios, estômago

Pedra preciosa: pérola

Cores: branco, prata

Flor: gerânio

Frase chave: Eu sinto

Palavra-chave: impressionabilidade

Traços da personalidade: protetor, seguro, orientado para a família, emotivo, amante, tímido, hipersensível, tenaz, simpático

Países: Oeste da África, Argélia, Escócia, Nova Zelândia, Paraguai

Coisas comuns regidas por Câncer: giz, caranguejo, barco, água, rio, banho, melão, pia, camarão, fêmea, maternidade, nutrição

A fé e o tempo

Deus é o conforto espiritual dos cancerianos; seus ancestrais são o seu modelo; seus descendentes são o próprio reflexo de suas esperanças e sonhos. Raramente o nativo de Caranguejo vive sem religião ou sem família. Por mais materialista que seja, interiormente sempre é um místico. Por mais importante, movimentada ou divertida que seja a sua vida, seu lar é sempre o melhor lugar do mundo.

Recordar e reverenciar o que passou e os que passaram é muito próprio dos nativos deste signo. O canceriano é, pois, um cultor do pretérito, mas essa qualidade não o deixa estagnado no tempo pois seus olhos estão sempre postos no futuro. O dia presente não é muito importante para ele; assemelha-se à parada de um trem que logo deve pôr-se em marcha para conduzi-lo a algo bom e agradável. Vive sempre cheio de novas esperanças e não se deixa vencer pelos infortúnios. Possui rara força moral e permanece de pé, nas situações mais difíceis, enquanto outros tipos astrológicos, mais dinâmicos e agressivos, deixam-se abater. Sua força reside, justamente, na sua aparente submissão e passividade.

Câncer é um signo de paz e seus nativos detestam as brigas e questões. Comodistas e alegres, os cancerianos procuram sempre resolver todas as situações do modo mais harmonioso e fácil possível. Isso não significa, todavia, que sejam inertes, inúteis ou humildes. Ao contrário, são orgulhosos, magoam-se com facilidade e não perdoam as ofensas. São construtivos, laboriosos, persistentes, e tudo o que fazem é sempre bem feito. Sentem natural aversão por tudo o que é novo ou desconhecido. Embora não hostilizem, quase nunca adotam coisas modernas ou revolucionárias antes que sejam suficientemente experimentadas por outros. Como a família sempre lhes é muito cara, olham com suspeita tudo o que pode abalar a segurança do pequeno mundo que construíram para si e para os seus.

São sempre conservadores em religião e moral. Costumam respeitar as crenças alheias e raramente as atacam. Mesmo que adotem um novo credo, nunca abandonam totalmente a religião em que foram criados, deixando-a de reserva para os momentos difíceis. São muito sentimentais em tudo o que se refere ao passado. O seu culto pelos ancestrais vai a ponto de batizarem os filhos com o nome dos tios, avós ou o seu próprio; é rara a casa do canceriano que não tenha um "júnior".

É também rara aquela que não tenha o "álbum de família". Câncer dá aos seus nativos a tendência de associar fatos a coisas e objetos; assim, eles são os mais inveterados colecionadores de cartões postais, retratos e lembranças de festas, casamentos, formaturas, etc., como se com isso pudessem reter os momentos agradáveis que viveram.

O misticismo

Embora conservador em religião, o canceriano sempre sente irresistível inclinação para os estudos ocultos e para as pesquisas relativas à existência do homem, antes e depois da morte. Às vezes ocultando seu interesse sob a máscara da investigação científica, às vezes sem disfarce nenhum, animado apenas por sua natureza essencialmente mística, o nativo de Caranguejo freqüentemente procura, e geralmente consegue estabelecer um contato mais direto com as entidades imateriais.

As vibrações de Câncer podem determinar um intenso psiquismo e podem proporcionar grandes faculdades mediúnicas. Os tipos comuns deste signo têm a tendência de atribuir suas derrotas aos maus espíritos e suas vitórias aos benéficos "protetores" e procuram uma cômoda interpretação sobrenatural para todos os acontecimentos de sua vida; sua natureza passiva encontra, assim, um caminho para fugir às responsabilidades maiores.

Os tipos negativos podem dedicar-se ao baixo espiritismo, às práticas de magia ou podem sofrer alucinações e manias obsessivas, em que se imaginarão perseguidos por seres elementares, do plano astral. Como Câncer é um signo de polaridade passiva, uma vontade mais poderosa pode facilmente dominar os cancerianos, especialmente quando passam por alguma crise financeira ou sofrem grave problema emocional. É aconselhável, portanto, o máximo cuidado na escolha das pessoas, quando o canceriano se decidir a enveredar por algum caminho espiritualista ou quiser iniciar o estudo das ciências herméticas.

A imaginação

O canceriano possui um universo ilimitado, que pode modificar à sua vontade, e onde costuma criar as mais ousadas e fascinantes tramas: é o mundo da imaginação. Ele retrata bem o elemento água que apresenta uma superfície de esmeraldina beleza e vai mudando de tonalidade à medida que se aprofunda, revelando novas e incríveis formas de vida.

Os nativos de Câncer que exteriormente são calmos, rotineiros e metódicos, interiormente são impressionáveis, cambiantes e inquietos. Materialmente são cautelosos, nada fazem que não seja bem pensado e medido e não apreciam as empresas arriscadas cujas probabilidades não possam ser calculadas com lápis e papel com antecedência. Mentalmente, porém, são os maiores aventureiros do zodíaco. Adoram as viagens arriscadas, as explorações, os dramas, os *complots*, desde que tudo isso esteja impresso num livro que possam ler, em segurança, dentro das quatro paredes do seu lar. Com raras exceções, são ávidos leitores, que devoram tanto os livros biográficos como os romances aventureiros no estilo de Emílio Salgari ou os trabalhos dos ficcionistas da moderna era espacial.

Observa-se, portanto, uma oposição muito forte entre a natureza prudente do canceriano e sua mente fértil e rica, e esta condição freqüentemente os mergulha num incômodo estado de insatisfação. As regras dentro das quais foram criados, e o respeito à instituição familiar e às tradições, são amarras que freqüentemente os impedem de viver de acordo com seus desejos; procuram, então, a compensação em seus sonhos.

Embora manifestando-se de modo diferente, o elemento água proporciona a mesma capacidade criadora que o fogo. Os cancerianos sabem criar, mas dificilmente criam porque não têm coragem de pôr em risco a segurança de sua vida, lançando-se à perseguição de um projeto que pode não ter sucesso. Prudentes e modestos, eles preferem viver tranqüilamente, sem grande prosperidade ou projeção, mas também sem o risco das grandes batalhas onde os prejuízos podem ser tão elevados quanto os lucros. Aqueles que vencem o comodismo e esquecem um pouco a prudência costumam fazer fortuna rápida e alcançar grande prestígio, pois a Lua proporciona imensa popularidade aos seus nativos mais audaciosos e realizadores.

Câncer é um dos signos que promete maior êxito na carreira musical ou literária, não só em virtude da fértil imaginação que proporciona aos seus nativos como por suas vibrações sensíveis e elevadas. Entre os escritores podemos apenas citar Erich Maria Remarque, Ernest Hemingway e Erle Stanley Gardner, o famoso criador do detetive-advogado Perry Mason. Entre os musicistas, nasceram sob suas estrelas dois grandes intérpretes de Johann Sebastian Bach: a cravista polonesa Wanda Landowska e o pianista brasileiro João Carlos Martins.

Tudo o que um canceriano superior escrever, interpretar ou criar será sempre coroado de êxito. Seus tipos negativos, porém, possuindo as mesmas qualidades, costumam ser demasiado prolixos e vulgares; ainda assim, freqüentemente conseguem fortuna e renome, pois a Lua sempre lhes confere o dom de realizar obras que são sempre bem entendidas e bem recebidas pelo público.

A mulher de Câncer

Todas as coisas ditas sobre o signo do Caranguejo aplicam-se aos homens e às mulheres que nascem sob sua influência. Possuindo a mesma personalidade, o mesmo temperamento que os representantes masculinos deste signo, as mulheres, todavia, são mais sensíveis, impressionáveis e carinhosas. Fazem do lar o seu universo e são excelentes mães, educando seus filhos com amor e dedicação e lutando como leoas enfurecidas quando algum perigo os ameaça.

São muito compassivas e vivem agasalhando, ajudando e aconselhando os parentes menos favorecidos de juízo ou de dinheiro. São alegres e sociáveis e apreciam muito as festas e reuniões. Jamais deixam de pagar uma visita recebida ou de retribuir um presente de aniversário. São modestas e recatadas, mas gostam de se vestir bem, e sempre dão preferência às cores alegres. O serviço doméstico não as assusta e nem as repugna. São exigentes donas de casa, e mesmo quando podem contratar empregadas sempre dão o seu toque pessoal ao arranjo do lar. Gostam imensamente de plantas e bibelôs. Algumas cancerianas têm raro talento para decoração e sabem unir, harmoniosamente, o antigo ao moderno. Outras, mais conservadoras, ainda se agarram aos cachorrinhos de porcelana, às toalhinhas, cortinas e colchas de crochê, não dispensam as samambaias de metro ou os antúrios, e sempre têm um vasinho com guiné ou alecrim no fundo do quintal.

As cancerianas, se possível, são ainda mais imaginativas e sonhadoras do que os homens deste signo. Românticas e emotivas, derramam lágrimas lendo um romance ou ouvindo os infortúnios de uma amiga. Câncer proporciona grande musicalidade, mas raramente seus nativos têm o dom de cantar ou possuem voz harmoniosa e afinada. Algumas cancerianas só podem fazer o serviço doméstico com o rádio ligado, ao passo que outras, sempre que podem, procuram aprender a tocar um instrumento qualquer.

As mulheres são mais tímidas e prudentes do que os homens quando se dedicam a qualquer atividade. Fora do setor doméstico, costumam obter o mesmo êxito que eles. Na literatura podem ter especial sucesso, pois seus trabalhos sempre têm o toque familiar, cálido e afetivo que encontramos nas obras da famosa canceriana Pearl Buck.

A Lua Negra

Os tipos negativos de Câncer, que recebem os raios inferiores deste signo e as vibrações lunares mais sombrias, são preguiçosos, passivos, inertes e covardes. Falta-lhes a vontade ardente do canceriano positivo que prefere morrer a ceder, e que embora utilizando métodos harmoniosos ou pacíficos sempre luta por aquilo que deseja. Estes tipos negativos sempre recuam diante das responsabilidades maiores e não costumam dar às suas tarefas o mesmo carinhoso cuidado dos seus irmãos superiores.

Os mórbidos e os lunáticos geralmente nascem em signos de água, em decanatos influenciados por Netuno ou Lua; quase sempre, porém, pertencem ao Caranguejo: Estes cancerianos vivem sempre obcecados por idéias, pessoas, tratamentos medicinais, doutrinas exóticas, etc. Freqüentemente estão metidos com falsos médiuns, ocultistas espertalhões e videntes de toda espécie. Com facilidade caem nas mãos de pessoas inescrupulosas, e não raro são dirigidos por alguma Madame que conseguiu sua sabedoria nos longínquos templos do Tibete e já percorreu várias capitais da Europa (capitais estas geograficamente situadas dentro de algum bairro de sua própria cidade). Crédulos e passivos, submetem-se docilmente a todas as influências e obedecem a todas as sugestões; mesmo quando compreendem que estão sendo iludidos por pessoas inescrupulosas, raramente têm energia suficiente para desmascará-las.

Até os tipos positivos são às vezes demasiadamente crédulos. Possuindo um coração generoso e sempre aberto aos infortúnios alheios, facilmente se deixam enganar por histórias tristes; assim, muitas vezes, ajudam a quem não precisa e são burlados por espertos que aproveitam sua bondade.

Os piores tipos de Câncer, porém, são os que recebem a influência da Lua Negra, pois representam o oposto das grandes qualidades conferidas pelo signo do Caranguejo. Tudo neles é sombrio e oculto, como a outra face da Lua. São traiçoeiros, mesquinhos, egoístas e intrigantes. Jamais andam em boa paz com parentes ou vizinhos e são mestres na arte de falar mal da vida alheia. Só se sentem felizes quando causam algum prejuízo a alguém. Quando se inclinam para a literatura só escrevem obras pornográficas; quando se dedicam ao comércio são sempre desonestos; quando sua atividade é artística sempre recorrem ao plágio. Nada fazem de original e procuram sempre prejudicar aqueles que têm capacidade para realizar coisas melhores. São nativos das sombras, que nunca atacam frente a frente, mas procuram destruir usando como armas a calúnia, a discórdia e a malícia.

Amor e ódio

Os cancerianos não são agressivos ou briguentos, mas ninguém pode chamá-los de covardes, pois demonstram rara coragem quando obrigados a enfrentar situações difíceis. Voluntariamente nunca se envolvem nessas situações, mas quando isso acontece não se recusam à luta. São amáveis e cordatos, mas não se deixam conduzir facilmente, escondendo-se atrás de uma pétrea muralha de teimosia que ninguém consegue romper.

Apesar da característica passiva de Câncer, seus nativos não possuem um temperamento muito débil. Quando alguém tenta fraudá-los ou prejudicá-los, despem-se de sua docilidade e demonstram uma violência assustadora e uma resistência indestrutível. Sempre que provocados, podem ser tão agressivos quanto os nativos de Áries, tão obstinados quanto os nativos de Touro ou tão impassíveis quanto os que nascem sob as estrelas de Capricórnio, o signo governado pelo frio e inamovível Saturno.

Raramente, porém, a violência é a sua arma predileta; preferem adotar a teimosia silenciosa ou a palavra persuasiva. Dificilmente discutem quando desejam algo. Preferem avançar cautelosamente, contornando aquilo que não podem transpor, aparentemente desinteressados ou resignados, mas interiormente dinamizados pelo desejo ardente de alcançar seu objetivo; e é raro que não alcancem.

Apesar de sua amabilidade e bondade, são extraordinariamente suscetíveis. Magoam-se com facilidade e dificilmente esquecem qualquer ofensa por mais insignificante. São incapazes de perseguir ou agredir e, como acreditam no castigo divino, quase nunca procuram vingar-se; em compensação, sabem odiar com a mesma intensidade com que amam e dificilmente perdoam aqueles que os humilham ou lhes arrebatam algo.

Afetivos e dedicados, alegram-se com a felicidade de todos os que os rodeiam. São muito sensíveis aos elogios e apreciam qualquer palavra de reconhecimento ou aprovação. Amam intensamente o seu lar e a sua família e submetem-se a todos os sacrifícios para que nada falte aos seus. Para os papais e mamães nascidos em Câncer, seus filhos são sempre as crianças mais prendadas, inteligentes, educadas, bonitas e promissoras do mundo! Não são individualistas, mas intensamente egoístas em relação a tudo o que é seu: filhos, família, amigos e propriedades. Sabem melhor do que ninguém retribuir amor com amor. São extremamente sinceros e quase nunca atraiçoam ou iludem, com exceção, naturalmente, dos tipos negativos.

Muito raramente um canceriano abandona a família. O casamento é quase uma religião para os cancerianos, que procuram sempre manter um ambiente doméstico harmônico e feliz. Quando dois nativos de Câncer se juntam no matrimônio, eles podem dizer com propriedade a célebre frase literária: "nem a morte nos separará".

Síntese

Câncer é um signo onde sobejam todas as melhores qualidades: afeto, sensibilidade, fé, alegria e bondade. O canceriano é sempre amante da paz e da harmonia; gosta de viver em bons termos com todos, e nunca nega seu apoio a quem dele necessita; é rigoroso para consigo mesmo, mas sempre sabe perdoar as falhas alheias; mesmo quando a fortuna bate à sua porta conduzindo a uma posição social mais elevada, jamais esquece os amigos dos tempos difíceis; é, em suma, um dos melhores e mais humanos tipos astrológicos.

O nativo do Caranguejo, todavia, tem defeitos que devem ser corrigidos, para que ele possa aproveitar melhor as poderosas vibrações do seu signo. Às vezes hesita em tomar uma decisão ou age com demasiada cautela, e assim perde oportunidades excepcionais. Com medo de arriscar sua segurança, deixa de realizar coisas que poderiam trazer-lhe grande proveito. Sua inteligência é tão grande quanto a de qualquer tipo zodiacal, pois provém da mesma fonte; freqüentemente, porém, deixa de desenvolvê-la, preferindo as ocupações mais fáceis e as tarefas de menor responsabilidade. Apegado aos ancestrais e preocupado com os descendentes, costuma esquecer-se de si mesmo, submetendo-se a um emprego que não lhe agrada ou subordinando-se a situações contrárias a seus desejos.

É fácil para o canceriano obter a vitória que realmente deseja. O signo do Caranguejo dá-lhe imaginação criadora e capacidade de realização. A Lua, misteriosa e fecunda, pode proporcionar-lhe a recompensa material, a riqueza e o prestígio, com a mesma prodigalidade com que faz multiplicar a vida sobre a Terra e sob as águas dos rios e oceanos.

O DESTINO

Antes mesmo do seu nascimento o homem já começa a integrar-se no concerto cósmico. Seus primeiros sete meses, três na condição embrionária e quatro na condição fetal, são as sete etapas formativas, no fim das quais está apto para nascer e sobreviver. Os dois últimos meses são dispensáveis, mas a Natureza, mãe amorosa e cautelosa, os exige e só os dispensa em casos extremos, pois a criaturinha que vai nascer necessita fortalecer-se e preparar-se para a grande luta que se iniciará no momento em que ela aspirar o primeiro hausto de ar vivificante.

Durante os nove meses de permanência no útero materno, de nove a dez signos evoluem no zodíaco. De modo indireto suas induções são registradas pelo sensível receptor que é o indivíduo que repousa, submerso, na água cálida que enche a placenta. É por essa razão que observamos, em tantas pessoas, detalhes de comportamento que não correspondem às determinações do seu signo natal; isto indica que elas possuem mente flexível e sensível e que estão aptas para se dedicarem a múltiplas atividades.

Ao nascer, a criatura recebe a marca das estrelas que dominarão o seu céu astrológico e que determinarão seu caráter, seu temperamento e seu tipo físico, além de dar-lhe um roteiro básico de vida. As vibrações percebidas durante a permanência no útero materno, por uma sutil química cósmica são filtradas e quase totalmente adaptadas às irradiações das estrelas dominantes. As influências familiares e a posição social ou financeira dos progenitores nunca modificarão o indivíduo; apenas poderão facilitar ou restringir os meios que ele terá para objetivar sua personalidade e realizar, de modo positivo ou negativo, as induções do seu signo natal.

Alguém, portanto, nascido entre 21 de junho e 21 de julho; provenha de família de rígidos princípios ou de moral relaxada; venha à luz numa suntuosa maternidade ou no canto de um casebre humilde; seja criado com carinho, seja desprezado pelos seus, será sempre um canceriano e terá o destino que Câncer promete aos seus nativos. Este destino será brilhante ou apagado, benéfico ou maléfico, de acordo com a qualidade e o grau de evolução de cada um.

Evolução material

A não ser quando nascem sob excelentes condições de fortuna, os cancerianos sempre têm de lutar para construir sua própria vida. Nada para eles é muito fácil, especialmente o dinheiro; mas, em compensação, aquilo que conseguem ganhar dificilmente lhes é arrebatado. Sua demasiada prudência às vezes poderá fazer com que percam excelentes oportunidades, mas seu modo cauteloso de agir também os preservará de prejuízos maiores.

Mesmo que provenham de família abastada não será difícil que se vejam obrigados a deixar o lar paterno, seja por morte de um dos progenitores, seja por algum estranho acontecimento relacionado com um deles. Quando isso não acontecer, mesmo vivendo com os pais terão de lutar desde cedo, e sempre terão obstáculos para vencer. Os cancerianos de vontade mais fraca ou de personalidade mais sensível, freqüentemente guardam marcas profundas, deixadas por sua infância e juventude; estas marcas dão origem à timidez, à vacilação e ao temor de enfrentar o mundo exterior, que a princípio foi tão hostil.

A vida dos cancerianos geralmente termina do mesmo modo que começa, pois a eles falta audácia para lutar e enfrentar os competidores. Os tipos mais positivos, todavia, podem ter a certeza de que por mais modesto que seja o seu início de vida terão como recompensa a fortuna e a prosperidade, sua posição social irá se estabilizando com o correr dos anos, e suas finanças irão melhorando de modo lento, porém seguro.

Na juventude ou na velhice o nativo de Câncer viverá sempre rodeado pelo carinho dos amigos. A necessidade de companhia humana é muito forte nos que nascem sob as estrelas do Caranguejo. A despeito disso, porém, dentro de todo canceriano sempre existe uma torre de marfim, onde costuma encerrar-se para sonhar livremente, alçar-se ao mundo dos desejos não realizados e construir, sem timidez nem temor, o futuro que realmente gostaria de ter; o nativo deste signo sempre tem uma parte de si mesmo que vive oculta aos olhos estranhos, que não enfrenta o sol nem a terra mas que está perpetuamente voltada para o Universo feito de sombras e de astros desconhecidos. Apesar de seu forte instinto gregário, o canceriano tem seus momentos de introversão, em que necessita do silêncio e isolamento; é nesses momentos que ele mergulha passivamente no mundo dos sonhos ou se põe em contato com os elevados planos de ideação e da criação, onde todo o homem vai buscar a chama inspiradora que pode torná-lo um gênio na Arte, na Literatura, na Ciência, na fé ou na tarefa de bem viver com seus semelhantes.

Família

Mesmo sendo forçado a abandonar os pais, o canceriano sempre os recordará com respeito e será particularmente afeiçoado a um deles. O respeito às responsabilidades familiares é sempre forte nos nativos deste signo e, mesmo sem a aprovação do cônjuge, eles sempre ajudam os parentes menos favorecidos e sempre têm para eles uma boa palavra ou um sorriso amigo. Em nenhum signo do zodíaco, com exceção de Touro, os laços de sangue são tão fortes quanto em Câncer mas o espírito de sacrifício do taurino não é tão grande quanto to o do canceriano que geralmente se despersonaliza em benefício dos que dependem dele.

Os pais dos cancerianos poderão viver de modo desarmonioso; um deles será de gênio violento e dominador ao passo que o outro será afetivo e sensível, ou então, terá uma personalidade passiva demais, faltando-lhe energia suficiente para criar um ambiente pacífico e feliz. Há promessas de heranças ou questões judiciais relacionadas com terras e propriedades. Estas questões se arrastarão durante anos e muitas vezes não terão uma solução favorável e os nativos deste signo não conseguirão usufruir seus benefícios.

Os irmãos dos que nascem sob o influxo de Câncer também poderão trazer alguns aborrecimentos, seja por sua natureza rigorosa, seja por sua mania de dar conselhos que não foram pedidos ou por não possuírem grande firmeza moral. Um deles poderá destacar-se na Arte, na Ciência ou na Literatura e com ele o canceriano se harmonizará mais do que com os outros.

Amor

A família é sempre objeto de culto dos cancerianos. Se quiséssemos prosseguir usando esta imagem diríamos que o lar é o seu templo, e o trabalho é a prece diária que oferecem ao Criador, pedindo que ela reverta em benefício de seus descendentes.

Raramente o nativo de Câncer morre solteiro; o nativo deste signo, seja homem ou mulher, sempre procura a sua metade, e jamais se separa dela por sua própria vontade. Na juventude existe certa inclinação para a vida boêmia, as festas e reuniões alegres e a companhia dos amigos. Uma vez casado, porém, o canceriano se estabiliza, tranqüiliza-se e passa a viver para o lar e para a família. Os tipos mais fracos, de vontade vacilante, jamais conseguem separar-se de suas amizades de solteiro e continuam, mesmo depois de casados, dando suas escapadelas boêmias.

Naturalmente, a felicidade no matrimônio sempre depende de uma série de fatores, inclusive do cônjuge escolhido. Mesmo, todavia, que o casamento resulte num fracasso, o canceriano nunca quebrará espontaneamente os laços matrimoniais. O nativo deste signo poderá unir-se a pessoa de condição social inferior à sua e assim incorrerá no desagrado de sua família; sofrerá com isso, mas não desistirá de seu casamento, tanto por sua teimosia natural como pelo desejo que sempre tem de ter seu próprio lar.

Será sempre muito unido a um dos progenitores o que provocará o ciúme do cônjuge e dará motivo a muitas discussões. Um dos irmãos, seja por sua vida irregular, seja por seu hábito de intrometer-se nos assuntos domésticos, também poderá provocar desarmonia entre o canceriano e seu cônjuge.

Filhos

Os cancerianos costumam sempre orgulhar-se de seus filhos, mesmo quando não têm muitos motivos para isso. Este signo, todavia, promete alegria e prazer com os descendentes, na infância e na juventude, mas assinala algumas preocupações quando os filhos atingirem idade adulta.

Dependendo do seu signo de nascimento, os filhos dos nativos de Câncer, poderão ter uma personalidade bastante oposta à dos seus genitores. Embora unidos por uma grande afinidade espiritual, estes filhos poderão tomar rumos inteiramente diferentes daqueles que os cancerianos gostariam que tomassem. Serão crianças inteligentes, às vezes voluntariosas e independentes, mas sempre afetivas e sensíveis. Com a idade se transformarão e dificilmente se conformarão com as tendências conservadoras dos nativos deste setor zodiacal.

Um deles poderá alcançar grande prestígio ou elevada posição social, e será o apoio moral e material dos cancerianos no fim de sua vida. Há indícios de misteriosos acontecimentos relacionados com um deles, que terá saúde bastante débil na infância ou que será, na juventude, conduzido por más companhias.

Posição social

Freqüentemente o signo de Câncer só promete uma posição social melhor aos seus nativos quando estes se afastam do lugar onde nasceram. A mais importante condição para que o canceriano torne reais as suas grandes possibilidades é sacudir sua inércia; se não o fizer sua condição social será sempre estacionária, e não conseguirá objetivar seu sonho de uma vida financeiramente estável, cercada pelo prestígio e pela aprovação de todos.

Os nativos deste setor zodiacal sempre têm uma grande inclinação para o devaneio; quando não conseguem alcançar seu objetivo, com relativa facilidade abandonam a luta, se conformam em viver de modo modesto e vingam-se sonhando com tudo aquilo que não conseguiram realizar. Todavia, este signo promete não só fortuna, mas também fama e respeito público aos seus nativos positivos que sabem lutar por aquilo que merecem.

Construir é sempre difícil; como são muitos a lutar, alguém sempre sai prejudicado e quando não combatem seus defeitos naturais os cancerianos freqüentemente são ultrapassados por outros de menor mérito. Muitas vezes servem apenas como degraus para que terceiros possam subir, quando na realidade eles têm todas as qualidades necessárias para projetar-se. Acontece, porém, que na luta diária os mais dinâmicos e audaciosos sempre chegam em primeiro lugar e os tímidos ou modestos sempre chegam perdendo as melhores oportunidades. Não obstante deve-se assinalar que muitos não sabem conservar aquilo que ganharam, ao passo que os cancerianos sempre retêm tudo.

Finanças

As finanças sempre andarão paralelas à sua personalidade e à sua capacidade de ação; modestas se eles forem tímidos e vacilantes; precárias ao se mostrarem indolentes e passivos; florescentes se forem ativos e independentes e se souberem aproveitar todas as excelentes qualidades conferidas pelo Caranguejo.

Neste signo nascem os indivíduos sensitivos, que têm muita habilidade para criar e aperfeiçoar novos processos, novas máquinas e toda a sorte de engenhocas de utilidade geral. Grande número de inventores pertencentes ao domínio de Câncer; como só criam coisas práticas e realmente funcionais, os cancerianos, quando industrializam seus inventos, geralmente conseguem fazer fortuna com grande rapidez e facilidade. Apesar dessas belas oportunidades que Câncer e Lua oferecem aos seus nativos, o que se verifica comumente é que eles no geral têm mais habilidade para idealizar seus belos projetos do que para realizá-los. Quando se apresenta o momento de materializar esses projetos os cancerianos se perdem porque não confiam em si mesmos e hesitam ante qualquer negócio mais audacioso; no final, acabam deixando suas idéias de lado porque lhes falta dinamismo e coragem para pô-las em prática.

Em todas as atividades relacionadas com o público, poderão ter muito sucesso financeiro, desde que eliminem seus defeitos que sempre acabam por deixá-los em posição de inferioridade diante de outros tipos astrológicos que têm menos habilidades mas são mais positivos e empreendedores. Por essa razão, embora tenham elevado grau de bom senso, sagacidade e inteligência, os cancerianos, em lugar de donos de empresa quase sempre são viajantes, vendedores ou simples funcionários. Embora possam ser escritores, é muito comum que acabem seus dias atrás de um balcão de livraria; em lugar de proprietários de entrepostos de pesca provavelmente terão de pescar os peixes para serem vendidos por outros mais espertos. Por esse motivo é que dizemos que as finanças dos nativos deste setor zodiacal sempre correrão paralelas à sua coragem e positividade.

No destino dos que nascem sob a vibração do Caranguejo há indícios de atribulações financeiras causadas por algum filho ou parente próximo, seja por doença ou por imprudência nos negócios. Também, outros, aproveitando-se da boa fé dos cancerianos, poderão induzi-los a empregar seu dinheiro em algum negócio ou propriedade, causando bastante prejuízo e aborrecimento.

Quase todo nativo de Câncer sonha em ter sua própria casa. Não importa que seja modesta ou pequena; importa que seja sua. Tendo um lar de sua propriedade, sempre se sente seguro, pois Câncer, no zodíaco fixo, é a Casa da Família. De um modo ou de outro, a maior parte dos cancerianos sempre acaba realizando este sonho até muitas vezes, pois este signo promete sorte com propriedades. É importante notar que, assim como os cancerianos só começam a elevar-se socialmente quando saem da cidade ou bairro onde nasceram, também suas finanças se tornam mais prósperas depois que se casam.

Saúde

O signo de Câncer influencia a parte inferior dos pulmões, o peito, o lóbulo superior do fígado, o pâncreas, o diafragma e o baço. A Lua, sua regente, domina sobre o ventre, a bexiga e o aparelho genital da mulher, assim como os órgãos destinados à função materna; seios, útero, ovários, etc. Também rege a parte linfática do organismo; quando os aspectos astrológicos são ruins o canceriano poderá sofrer degeneração do sangue predispondo-o à anemia, à leucemia, à arteriosclerose, etc. A Lua também governa o cerebelo e pode desenvolver as faculdades mediúnicas e dinamizar os sentidos psíquicos correspondentes aos sentidos físicos; visão, audição, etc. Os aspectos lunares, quando negativos, levam à psicose, ao sonambulismo, à epilepsia e determinam os "lunáticos". Por influência do seu signo e do seu regente, os cancerianos podem sofrer de moléstias do estômago, transtornos digestivos, catarros gástricos, soluços ou azias, bem como de doenças do pulmão, do baço e do fígado.

A Lua tem especial influência sobre todo o lado esquerdo do corpo que é chamado de lado negativo. Os iogues sabem conservar a saúde respirando apenas com a narina esquerda, lunar, durante o dia e com a narina direita, solar, durante a noite; por este processo equilibram maravilhosamente a corrente cósmica vital que penetra no corpo através da respiração.

Certas estrelas, quando colocadas em ângulos desfavoráveis podem fazer com que os cancerianos sofram perigos por fogo ou água. Podem, ainda, não para todos os nativos de Câncer, logicamente, prometer acidentes ou agressões e, em certos casos, ferimentos graves causados por uma mulher.

Todas as partes do corpo e todas as funções regidas por Câncer e pela Lua devem ser bem cuidadas para que o canceriano tenha perfeita saúde. Este signo promete longa vida, mas esta poderá ser encurtada por excesso de trabalho, preocupações, ou descuido no trato do corpo. O aumento de peso deve ser evitado, e a saúde sempre será melhor quando os cancerianos se mantiverem dentro do peso normal. Como são sujeitos à retenção de líquidos, será conveniente consultar um médico, sempre que verifiquem qualquer sintoma de hidratação excessiva. Por influência de Capricórnio, seu signo oposto, os cancerianos ainda podem sofrer moléstias da pele, eczemas, furúnculos, erisipela, reumatismo deformante ou varizes.

Comida saudável, boas horas de sono, mas não em demasia, pois os cancerianos gostam muito de dormir; passeios ao ar livre e, sempre que possível, uma temporada de férias, de absoluto repouso, mesmo que seja por poucos dias, são os únicos requisitos necessários para que se conservem em boa forma até seus últimos dias. É importante também tratar as doenças logo que aparecerem os primeiros sintomas, em lugar de desprezá-las, como geralmente os cancerianos costumam fazer.

Amigos

Os nativos de Câncer sempre se sentem felizes na companhia de amigos, e, como são gregários e sociáveis, facilmente estabelecem novas relações. São, porém, bastante reservados e cautelosos e só deixam os novos conhecidos passarem da sala para a cozinha quando se certificam de que merecem penetrar em sua intimidade.

Geralmente o canceriano é capaz de manter relações fraternas durante toda a sua existência, sem outro interesse além do afeto e da afinidade espiritual. E este signo promete prazer e alegria com os amigos que serão constantes e sinceros tanto nas boas como nas más situações.

É, porém, importante saber que alguns amigos poderão trazer mágoas, preocupações e prejuízos; estes prejuízos poderão relacionar-se com os cancerianos ou com um de seus filhos, que poderá ser levado ao vício da bebida e aos tóxicos. O nativo de Câncer às vezes se deixa iludir pelas aparências, não obstante o cuidado com que escolhe aqueles que considera dignos de penetrar em sua intimidade; por essa razão, embora o nativo deste signo peque por excesso de cautela, ela será sempre aconselhável quando se tratar de selecionar as pessoas que irão freqüentar a sua casa.

Inimigos

Os cancerianos nunca terão muitos inimigos e dificilmente se envolverão em escândalos ou questões ruidosas; embora guardem longo tempo as ofensas recebidas, nunca atacam seus antagonistas; evitam tudo o que possa prejudicá-los. Preferem odiar em silêncio a enfrentar abertamente os opositores.

Parentes de sangue poderão prejudicá-los em heranças ou legados. Esses parentes, além de espoliá-los, também serão, de certo modo, adversários perigosos e procurarão fazer-lhes mal de todos os modos, entravando papéis, falsificando documentos e fazendo o possível para que não recebam aquilo a que têm direito. Na verdade, é mais fácil ver algum parente ou algum amigo querido transformar-se em inimigo do nativo de Câncer do que ele arranjar brigas com pessoas desconhecidas.

Empregados ou vizinhos, de posição social inferior, poderão trazer aborrecimentos por intrigas ou calúnias. Certos cancerianos menos evoluídos sentem uma irrefreável necessidade de se envolver na vida alheia, criticando e comentando parentes e vizinhos; esses poderão arranjar inimigos bem perigosos, e pagarão por tudo o que sua boca proferir.

Viagens

Como já dissemos, o canceriano quase sempre está destinado a viver longe do local de seu nascimento. Em quase todos os temas astrológicos de Câncer encontra-se uma viagem por mar ou um percurso por terra, bastante longo, ou ainda vários anos de afastamento da família.

Apesar de sua natureza comodista e amante do lar, o nativo de Câncer quase sempre aprecia bastante as viagens. Gosta de conhecer novas cidades, travar novos conhecimentos e, como possui uma memória extraordinariamente detalhista, costuma guardar com minúcia todos os lugares visitados.

Muitas viagens, longas ou curtas, podem acontecer na vida dos cancerianos; algumas por prazer e a maioria por negócios ou assuntos de família. É provável que eles vivam alguns anos em local afastado ou cidade pequena; nesse lar provisório farão excelentes amigos.

Profissões

Existe um grande número de profissões, não só induzidas por Câncer, mas também dominadas pela Lua, que poderão trazer sorte e lucro aos cancerianos. Em virtude das influências passivas deste signo e de sua regente, seus nativos gostam de devanear e apreciam a tranqüilidade; em suma; são sonhadores e comodistas. Arranjando energia para transformar os sonhos em realidade, eles poderão vencer em qualquer atividade, especialmente naquelas que mais os favorecem.

Os tipos positivos deste signo têm grande tenacidade e constância, a par de um moderado porém constante entusiasmo, o que sempre lhes confere rápida ascensão e fortuna. Como Câncer proporciona especial habilidade para organizar e conservar, os cancerianos podem com sua natureza calma e pacifista ter êxito em empreendimentos que outros tipos astrológicos, mais ardentes e impetuosos, não conseguem concretizar.

Câncer é um signo que determina extrema plasticidade mental, e entre seus nativos podem surgir brilhantes escritores, contistas, jornalistas, músicos geniais, dramaturgos, poetas, etc. Qualquer atividade pode ser exercida pelos cancerianos, dentro de suas preferências: se estudarem Direito, dedicar-se-ão ao que está ligado à família; se estudarem Medicina, serão esplêndidos médicos, mas dificilmente se especializarão em cirurgia;

quando se dedicarem à Arquitetura, farão bonitas casas ou conjuntos residenciais, mas quase nunca construirão pontes, usinas ou grandes edifícios de aço e concreto. Este signo pode proporcionar grande afinidade com o mar, e seus nativos podem ser comandantes de navios ou marujos, pescadores ou vendedores de peixes. O circo é uma das grandes atrações do canceriano e também pode trazer-lhe lucro profissional, conforme o demonstrou Arnum, nativo de Câncer que começou a trabalhar apenas com um anão e acabou dono do maior circo do mundo. Todas as tarefas que exigem trato direto com o povo estão sob a regência de Câncer e da Lua e assim os nativos de Caranguejo podem ser donos, ou podem trabalhar em mercearias, lojas, quitandas, barracas de feira, confeitarias, restaurantes, bares e repartições públicas ou escritórios particulares. Os maiores chefes de cozinha nascem neste signo, assim como todos aqueles que se dedicam a aperfeiçoar guloseimas tais como doces, balas, etc.

Em qualquer uma dessas ocupações, a sorte e a fortuna podem surgir para os tipos positivos nascidos sob as estrelas do Caranguejo. Os cancerianos de vontade débil, porém, nunca irão além de um modesto emprego numa empresa qualquer ou numa repartição pública, em qualquer casa que sirva alimentos ao povo, em uma farmácia ou loja ou simplesmente vendendo artigos na rua ou colhendo plantas para os laboratórios homeopáticos, que por sua vez também serão dirigidos, quase sempre, por cancerianos ou por pessoas que recebem fortes influxos lunares.

Síntese

O signo de Câncer dá aos seus nativos uma grande capacidade para amar e sacrificar-se pela pessoa amada; movidos pelo afeto, não hesitam em abandonar até mesmo coisas que outros lutariam até à morte para conservar, como fez o canceriano Eduardo VIII, Duque de Windsor, que desprezou um trono por uma mulher.

A família humana que viva num mundo de paz, abundância, ordem e harmonia sempre é o ideal do canceriano. O elemento água é, em quase todas as religiões, o elemento de consagração; se em Peixes a água corresponde, cosmicamente, à purificação pelo batismo, em Câncer ela é o líquido santificante, porém nutritivo e protetor que enche o útero onde o feto bóia, sonolento, preparando-se para a vida.

O signo do Caranguejo, no horóscopo fixo, é uma das casas mais importantes; representando o lar, indica de que modo o indivíduo foi ou será preparado para enfrentar a batalha da vida, competir com seus semelhantes e realizar-se objetivamente. No horóscopo individual, aquele que nasce sob Câncer tem uma importante tarefa de proteção e sacrifício. É raro o canceriano que passa pela vida sem ter merecido o dom divino de existir.

A CRIANÇA DE CÂNCER

A criança que nasce sob a vibração de Câncer é sempre extremamente agarrada aos pais. Parece que desde cedo começa a sentir fortemente a cálida sujeição familiar que as estrelas do Caranguejo determinam nos seus nativos.

A mente impressionável do pequenino canceriano grava de modo intenso todas as coisas que vê e ouve. Sua imaginação já é fértil e, assim que começa a aprender as palavras, também começa a associar as imagens, agradáveis e desagradáveis. É preciso muito cuidado com tudo o que é feito ou dito diante dele, pois sua natureza extremamente adaptável molda-se de acordo com os exemplos recebidos.

O medo é muito comum nas crianças que nascem neste signo. Como o seu fantástico mundo interior já começa a existir desde cedo, elas temem todas as coisas que não conseguem entender. Freqüentemente detestam a solidão e não é fácil conseguir que durmam sozinhos. Esses temores não devem ser alimentados, mas igualmente, não devem ser desprezados, pois se cristalizam no subconsciente, e o canceriano, já adulto, se verá amarrado por sua timidez e pelo receio de enfrentar pessoas estranhas e situações desconhecidas.

Quase sempre o pequeno canceriano se conserva bebê por muito tempo. Agrada-lhe ser mimado, e para conseguir seu desejo usa de vários recursos, aliás, próprios de inúmeras crianças: alimenta-se mal para que os pais se preocupem e o adulem de todas as formas; chora intensamente quando o deixam sozinho ou lhe negam algo; dorme pouco para que os outros também se mantenham despertos; dá sempre preferência aos doces e guloseimas, recusando-se a comer como os adultos e, mesmo quando já crescido, freqüentemente fala errado ou aprende a falar com bastante atraso. Quando todos esses recursos falham e ele ainda se sente abandonado ou relegado a um plano inferior, agrega outro que nunca deixa de centralizar a atenção dos adultos sobre sua pequenina pessoa: torna-se malcriado, exigente, manhoso e quebra tudo ao seu alcance, com exceção dos seus próprios brinquedos. Estas atitudes não são maldosas, mas indicativas de que ele não se sente suficientemente amado e protegido. Quando é feliz, a criança de Câncer é alegre, amável e obediente; dorme bem e come ainda melhor, não causando problemas maiores do que os provocados pelas travessuras próprias de todas as crianças sadias.

Como o signo de Câncer é de vibração passiva, deve-se procurar desenvolver, nos cancerianos, desde a mais tenra idade, a autoconfiança, a audácia, e a coragem. Deve-se sempre falar-lhe num sentido positivo, usando de frases que possam sugestioná-lo beneficamente, fazendo com que fique impressa em seu subconsciente a idéia de que ele é forte, inteligente e valoroso. Deve-se desenvolver sua iniciativa, obrigá-lo a tomar decisões e deixá-lo resolver seus pequenos problemas sozinho, para que tenha capacidade de resolver os grandes, quando tiver de lutar para realizar, materialmente, tudo o que está cosmicamente implícito nas estrelas do Caranguejo.

O pequeno canceriano, embora não tenha uma saúde débil, possui uma constituição delicada. Freqüentemente sofre de resfriados ou alergias porque sua natureza é sensível a todas as mudanças de tempo e às coisas e objetos desagradáveis. Deve-se dar-lhe o máximo de Sol e ar, para que possa desenvolver-se bem. Sempre sob orientação médica, deve-se fortificá-lo, pois o signo de Câncer, embora muitas vezes determine gordura em seus nativos, também lhes dá certa tendência para a anemia.

Um grande futuro está sempre aberto para o canceriano superior, enérgico e dinâmico. Não se deve tirar da criança de Câncer o prazer de conversar sozinha ou com seus brinquedos e nem é bom tentar cerrar as portas do seu universo interior. Mais tarde, se for bem orientada e educada por seus pais, se aprender a usar seu potencial de inteligência, esta criança poderá extrair inestimáveis tesouros de seu universo particular para oferecê-los à Humanidade, materializados em Arte superior ou em elevadas realizações intelectuais.

O TRIÂNGULO DE ÁGUA

O elemento água manifesta-se em três signos: CÂNCER — ESCORPIÃO — PEIXES. Sua polaridade é feminina e sua natureza é fluente, interpenetrante e adaptável. Sua essência, naturalmente, é única, mas em cada um desses três signos ela sofre grandes modificações, de acordo com as seguintes influências:

- situação zodiacal do signo, como Casa *angular*, *sucedente* ou *cadente*, na qual se manifestará como o agente que impulsiona, que realiza ou que aplica;
- sua correspondência com as leis cósmicas de equilíbrio, em conformidade com as três modalidades de ritmo; *impulso*, *estabilidade* e *mutabilidade*.

De acordo com a vibração própria de cada signo é fácil saber se o nativo irá viver e agir norteado por suas emoções, por suas sensações ou por seu raciocínio. Isto nos é revelado pela palavra-chave de cada signo. Na triplicidade da água as palavras-chave são as seguintes: Câncer, IMPRESSIONABILIDADE — Escorpião, RENOVAÇÃO — Peixes, INSPIRAÇÃO. Unindo-se essas palavras às determinações proporcionadas pela colocação do signo dentro do zodíaco e por sua modalidade rítmica podemos, então, definir de modo mais completo o triângulo de água.

Câncer	Ação Sensação Impulso	Impressionabilidade
Escorpião	Realização Razão Estabilidade	Renovação
Peixes	Aplicação Emoção Mutabilidade	Inspiração

Como a água é elemento comum a esses três signos, liga-os intimamente; e o canceriano, além da influência de Câncer e de seu regente, a Lua, capta, também, as vibrações de Escorpião e Peixes e de seus respectivos senhores, Marte e Netuno. Os nativos de Câncer recebem, então, as irradiações destes signos e planetas de acordo com a data do seu nascimento. A Lua rege todo o signo de Câncer, mas tem força especial durante os primeiros dez dias dos trinta que correspondem ao Caranguejo; Marte tem influência participante nos dez dias seguintes, e Netuno colabora na regência dos dez dias finais. Dessa forma os cancerianos se dividem em três tipos distintos que são os seguintes:

TIPO CANCERIANO–LUNAR
nascido entre 21 de junho e 3 de julho

TIPO CANCERIANO–MARCIANO
nascido entre 4 e 13 de julho

TIPO CANCERIANO–NETUNIANO
nascido entre 14 e 21 de julho

Em todos os dias que integram o período que vai de 21 de junho a 21 de julho, a influência da água é extremamente poderosa. Durante esses dias Câncer é a constelação que se levanta com o Sol, ao amanhecer; oito horas mais tarde Escorpião surge no horizonte e decorrido igual espaço de tempo chega a vez de Peixes. Dividindo-se então o dia em três períodos iguais, vemos que os três tipos cancerianos se transformam em nove, mediante a combinação da hora e da data do nascimento. Estudando esses nove tipos, ou nove faces de Câncer, podemos interpretar, com mais acerto, a sensível e inteligente personalidade dos cancerianos.

AS NOVE FACES DE CÂNCER

Tipo Canceriano–Lunar

Data de nascimento: entre 21 de junho e 3 de julho

Qualidades: impressionabilidade, imaginação, sensibilidade
Vícios: intriga, rancor, indiferença

Hora natal: entre 6h e 13h59m

Os que nascem neste período são os mais puros tipos cancerianos e recebem poderosamente os influxos lunares. Os que nascem neste momento cósmico são sensíveis e impressionáveis e sabem, como ninguém, perdoar e amar. As influências aqui irradiadas desenvolvem o instinto gregário e, ao mesmo tempo, tiram um pouco o senso dos valores, sendo fácil ao nativo misturar-se com pessoas pouco evoluídas, que poderão prejudicá-lo.

Os tipos positivos podem apresentar extraordinária firmeza de caráter e um sentido infalível para discernir o bom do ruim; o que lhes dá possibilidade para vencer em todos os seus empreendimentos, especialmente os comerciais. Aqui também nascem os intrigantes e os maliciosos, bem como os fanáticos e os crédulos, que facilmente caem nas mãos de espertalhões ou sofrem manias obsessivas.

Hora natal: entre 14h e 21h59m

Neste momento cósmico surgem cancerianos mais positivos e dinâmicos que os anteriores. São voluntários e costumam lutar tenazmente para realizar seus desejos; muitas vezes sua vontade não se manifesta de modo agressivo, mas sua constância é silenciosa, incansável e indestrutível.

Este aspecto dinamiza brilhantemente as qualidades mentais; contudo, dá muita instabilidade de humor, passando o nativo da maior alegria à maior irritação. As aptidões artísticas e intelectuais aqui são muito desenvolvidas, podendo seus nativos obter sucesso em todas as suas atividades ou profissões, notadamente na Música, Literatura, Pintura, Medicina ou na Engenharia. Os tipos negativos são muito rancorosos, costumam guardar muito as ofensas e não possuem a mesma capacidade para perdoar dos demais cancerianos.

Hora natal: entre 22h e 5h59m

Aqui encontramos cancerianos abnegados, amantes do lar e da família, caridosos e generosos, mas um tanto indiferentes à dor alheia. Estão sempre prontos para ouvir as mágoas e desgraças dos outros; todavia elas não os fazem perder o sono. Graças a isso, estão capacitados não só a exercer a Medicina como a trabalhar em todos os serviços de enfermagem e assistência social, pois têm o coração cheio de piedade e podem olhar de frente todas as dores.

Esta posição pode determinar os musicistas de rara sensibilidade, os escritores, os poetas, os teosofistas ou todos aqueles que se inclinam aos estudos herméticos, mas raramente ela produz negociantes vitoriosos. Os tipos negativos podem inclinar-se à bebida, aos tóxicos ou à vagabundagem; a preguiça é um mal comum a muitos destes cancerianos, mesmo os mais positivos.

Tipo Canceriano–Marciano

Data de nascimento: entre 4 e 13 de julho

Qualidades: energia, imaginação, ambição
Vícios: cólera, egoísmo, indiferença

Hora natal; entre 6h e 13h59m

Este período determina o nascimento de cancerianos que, apesar de dotados das mesmas características de sensibilidade e impressionabilidade comuns ao signo de Câncer, possuem uma natureza mais enérgica e ambiciosa. Como sempre, têm o seu mundo interior, a sua torre de marfim conquanto costumem objetivar seus sonhos e desejos, ou pelo menos têm mais dinamismo para lutar por eles.

Os nativos deste momento cósmico têm um temperamento menos dócil que seus irmãos de signo, e seu humor é também muito instável. Muitos deles são dominadores e autoritários, em casa e fora; outros mandam em seus familiares e dependentes, e contudo, fora do ambiente doméstico, não demonstram a mesma energia. Os tipos inferiores são agressivos e pouco afetivos, demonstram extrema vaidade e gostam de tiranizar todos os que os rodeiam.

Hora natal: entre 14h e 21h59m

Neste período são mais acentuadas as tendências determinadas pelo momento cósmico anterior. Os cancerianos que nascem neste período possuem uma vontade intensa e inabalável e são objetivos e realizadores. Gostam de sonhar, como todos os deste signo astral, mas sempre procuram concretizar seus sonhos.

Estes são os tipos menos impressionáveis de Câncer, mas às vezes também se deixam vencer pelo fascínio de alguma bola de cristal. Suas aptidões são variadas, e eles geralmente podem ocupar com grande competência os cargos de maior responsabilidade. O comércio igualmente costuma trazer sorte e lucro para estes cancerianos que costumam unir a esperteza à intuição. Os tipos negativos são grosseiros, gulosos, rudes e sensuais ou então são vaidosos, mesquinhos e rancorosos.

Hora natal: entre 22h e 5h59m

Neste período nascem os cancerianos muito ciumentos e suscetíveis, que se magoam com extrema facilidade e são muito apegados, tanto a pessoas como a propriedades. Estas vibrações inclinam à economia e à modéstia, mas desenvolvem por outro lado a vaidade e o orgulho. Os nativos deste período são sonhadores, no entanto, também têm alto senso prático, costumando guiar-se mais pela razão do que pela emoção ou pelos sentimentos.

Estes cancerianos, exteriormente são sociáveis, gentis, e comunicativos. Quanto ao interior, porém, são ciumentos de seus segredos e dificilmente fazem confidências ou revelam seus sonhos ou pesares. Os tipos negativos são instáveis e oscilantes. Vivem mais intensamente os problemas, alheios do que os próprios e freqüentemente se metem em intrigas ou escândalos com parentes e vizinhos.

Tipo Canceriano–Netuniano

Data de nascimento: entre 14 e 21 de julho

Qualidades: impressionabilidade, sensibilidade, inspiração
Vícios: malícia, corrupção, indiferença

Hora natal: entre 6h e 13h59m

Os cancerianos–netunianos são essencialmente místicos e podem apresentar a mais alta espiritualidade ou os mais raros dotes artísticos. São fraternos e amáveis e gostam especialmente de crianças e animais. São menos comunicativos que os demais tipos cancerianos e também estão sujeitos a bruscas mudanças de humor. São muito psíquicos e mesmo quando não desenvolvem nenhum dom mediúnico são altamente sensíveis às pessoas e aos ambientes. São, também, prescientes, embora quase nunca de modo consciente. Ao aproximar-se um mau evento costumam sentir-se deprimidos ou irritados. Como de regra neste signo, são afetados pelas fases lunares, principalmente o novilúnio e o plenilúnio.

Os tipos inferiores podem ser sensuais, maliciosos e pouco honestos, ou então podem inclinar-se à bebida, aos tóxicos ou à prostituição.

Hora natal: entre 14h e 21h59m

Neste momento cósmico nascem os cancerianos de personalidade extremamente instável e de natureza muito complexa, feita de paixão e indiferença, preguiça e atividade, energia e passividade, temor e coragem. Estes nativos nunca poderão realizar-se materialmente se não combaterem essas oscilações e serão condenados a viver eternamente condicionados ao movimento pendular de sua incerteza íntima.

Alguns dos cancerianos aqui nascidos podem desenvolver grande capacidade intelectual ou artística. Outros podem ser excelentes astrólogos, ocultistas, naturistas ou médicos homeopatas, pois aliarão à sua inteligência viva a mais desenvolvida intuição, principalmente relacionada com a Natureza e com os corpos celestes. Os tipos inferiores são vingativos, frios e freqüentemente detestam o esforço físico, preferindo dedicar-se à vagabundagem mais absoluta.

Hora natal: entre 22h e 5h59m

Neste período nascem os cancerianos de mais delicada sensibilidade, que possuem forte instinto familiar e por amor aos seus são capazes de trabalhar dia e noite, até a exaustão. Geralmente não são muito agressivos e só lutam em defesa dos entes queridos ou das coisas que lhes pertencem. São, às vezes, muito tímidos, não gostam de solicitar favores ou pedir ajuda e sempre apreciam a tranqüilidade e a paz. Como a maioria dos nativos do Caranguejo, são amáveis, sociáveis e comunicativos, mas são reticentes quando se trata de sua vida íntima ou de seus problemas particulares.

Os tipos inferiores geralmente têm uma personalidade muito débil e vacilante, facilmente cedendo às influências negativas de outros menos evoluídos. Raramente são constantes nas afeições ou nos pensamentos e quase sempre vivem à custa dos outros.

CÂNCER E O ZODÍACO

Harmonias e desarmonias no plano das relações de amizade, de amor e de negócios entre os nascidos em Câncer e os nascidos em outros signos.

Nenhum ser humano vive protegido por uma campânula de vidro, livre do contato direto com seus semelhantes. No lar, na convivência com os amigos ou no trato dos negócios estamos constantemente interagindo com inúmeras pessoas; algumas nos agradam porque têm um temperamento igual ao nosso ou porque nossas predileções são idênticas; outras não nos são simpáticas porque representam o oposto do que somos ou do que desejaríamos ser. Devemos aprender a conhecer nossos irmãos zodiacais e a apreciar suas qualidades. Observando-os podemos, então, saber se aquilo que neles existe e que nos parece ruim talvez seja melhor do que o que existe em nós. Assim, o que seria motivo para antagonismos passa a atuar como fator de complementação e aperfeiçoamento.

Dentro da imensidão de estrelas que povoam a galáxia chamada Via-Láctea, nosso Sol é um modesto astro de quinta grandeza que se desloca vertiginosamente rumo a um ponto ignorado do Universo, carregando consigo seus pequeninos planetas com os respectivos satélites; dentro, porém, do conceito igualitário do Criador, esse diminuto Sol e a insignificante Terra com seus habitantes mais insignificantes ainda, têm uma importância tão grande quanto o incomensurável conjunto de nebulosas e seus bilhões de estrelas.

Somos átomos de pó comparados com as galáxias e as estrelas, mas cada um de nós é um indivíduo que vive e luta. Para nós, nossos próprios desejos, predileções, antipatias e simpatias têm uma magnitude infinita. Temos de enfrentar problemas dos quais dependem nossa felicidade e sucesso. Para resolvê-los, quase sempre temos de entrar em contato com muitas outras pessoas que pertencem a signos diferentes do nosso.

Amor, amizade e negócios são os três ângulos que nos obrigam à convivência com outros tipos astrológicos. Analisando-os, estudaremos o sensível signo de Câncer em relação aos demais setores do Zodíaco. Conhecendo as qualidades positivas ou negativas dos nativos dos outros signos, o canceriano poderá encontrar a melhor forma para uma convivência feliz, harmoniosa e produtiva.

CÂNCER–ÁRIES. Entre signos de água e de fogo dificilmente se estabelece uma relação harmoniosa muito pronunciada, pois as naturezas de ambos são antagônicas, embora representem, por seu próprio antagonismo, a complementação perfeita. Os signos de água têm uma natureza úmida-fria enquanto os de fogo têm uma natureza quente-seca. Os opostos, quente e frio, seco e úmido, cosmicamente se complementam, mas, materialmente, determinam hostilidade ou induzem a um constante estado de irritação e repulsão.

Áries e Câncer são irmãos em ritmo, pois ambos são impulsivos. Na alquimia das vibrações cósmicas, a característica impulsiva de Áries proporciona audácia, agressividade e entusiasmo e dá origem a uma personalidade lenta e dominadora, que tanto pode criar como destruir. Em Câncer esse impulso é afetivo e está ligado ao aperfeiçoamento e à harmonização; suas vibrações também podem criar, mas nunca aniquilam. Áries é o fogo que devora quando é demasiadamente intenso. Câncer é a água que pode sufocar temporariamente, mas, ao retirar-se, deixa os campos férteis, prontos para nova semeadura. Enquanto o nativo do ardente Carneiro segue seu caminho, impelido por uma natureza apaixonada e pouco prudente, indiferente a tudo além dos seus desejos, o canceriano caminha devagar, atento ao que o rodeia, contornando para não destruir, protegendo, amando e cuidando dos que dele dependem e amparando e confortando todos os que dele necessitam.

Os arianos não apreciam a covardia, a fraqueza e o temor. Orgulhosos e dominadores, gostam de ajudar os que solicitam seu auxílio, mas só concedem um favor quando este for pedido com palavras e atitudes respeitosas.

Amor — Quando se observa estabilidade numa união entre cancerianos e arianos podemos estar certos de que ela é devida ao nativo de Câncer, que sempre procura evitar brigas e discussões, resolve todas as situações por meios pacíficos e enfrenta com resignação as situações mais difíceis ou desagradáveis, preocupando-se apenas em evitar que os filhos sofram.

Os arianos às vezes não são muito constantes em suas afeições. Quando se apaixonam costumam ser sinceros e leais, mas estão sempre ocupados com seus próprios projetos, sendo a vida doméstica quase sempre relegada a um segundo plano.

Os matrimônios mais felizes acontecerão para os cancerianos nascidos entre 4 e 13 de julho, pois estes dez dias recebem forte influência de Marte, que é também o regente de Áries. Estes cancerianos geralmente são mais enérgicos e não serão dominados com facilidade pelos arianos; os demais nativos de Câncer, unindo-se a tipos negativos, poderão viver escravizados e solitários.

Amizade — As amizades entre os nativos de Áries e Câncer serão sempre superficiais e pouco duradouras. Os cancerianos se ligam fraternalmente àqueles com quem têm pontos de afinidade. Dedicam sincero afeto aos amigos e não os colecionam apenas pelo prazer de dizer que são muito relacionados. O ariano, em oposição, embora também possa afeiçoar-se, tem uma personalidade muito instável. Ao conhecer uma pessoa nova procura-a constantemente, porque seus impulsos são apaixonados; a não ser, porém, que algo maior o mantenha ligado ao novo amigo, seu interesse logo morrerá.

Os cancerianos não devem, portanto, esperar muita constância dos arianos; mas se precisarem de ajuda poderão contar com seu apoio pois eles gostam de proteger e dominar. Aliás, é bom notar que os nativos de Câncer não devem submeter-se passivamente à vontade dos arianos; se o fizerem ficarão inteiramente subordinados a eles.

Negócios — Embora os antagonismos pessoais sempre existam, as relações comerciais entre nativos destes dois signos poderão trazer muito lucro. Os arianos são esplêndidos criadores e ótimos dirigentes mas não têm nenhuma habilidade para organizar ou conservar;

os cancerianos, inteligentes, práticos e pacientes estão perfeitamente aptos para secundá-los, com êxito, em qualquer tarefa.

É importante repetir que os nativos de Câncer não devem submeter-se passivamente ao ariano pois poderão passar de sócios para empregados e não terão outro privilégio além de obedecer ordens e trabalhar duramente. Os cancerianos nascidos entre 14 e 21 de julho, período que recebe a vibração participante de Netuno, devem cuidar-se muito quando se associarem aos nativos de Áries, pois fatalmente acabarão dominados por eles.

CÂNCER–TOURO. O nativo de Touro encontra, no canceriano, um dos seus maiores aliados zodiacais e vice-versa. Em ambos os tipos astrológicos há amor à família e aos descendentes, laboriosidade incansável, afetividade, tendências pacifistas e instintos de conservação e defesa. Enquanto Touro é regido por Vênus, a mulher-amante, Câncer é dominado pela Lua, a mulher-mãe; a sensibilidade, a afetividade e o amor às propriedades e aos bens materiais, encarados como meios de segurança e conforto, são os elementos que determinam uma forte ligação entre os dois signos.

Touro simboliza a terra, o lugar onde devemos viver e de onde temos de arrancar nosso sustento; Câncer simboliza o lar, desde a caverna sombria do homem primitivo até a casa bonita e confortável que o progresso nos proporciona. A orientação da vontade e do pensamento dos filhos destes dois setores zodiacais é a mesma pois ambos se dedicam a trabalhar pela preservação e pelo progresso da criatura humana.

As desarmonias que possam ser observadas entre taurinos e cancerianos nunca virão de suas tendências naturais, que inclinam ao trabalho, à cooperação e à paz, mas serão originadas pelo grande defeito que é comum a ambos: a teimosia. Quando nativos de Caranguejo e de Touro brigarem, a reconciliação será muito difícil, pois ambos são obstinados e rancorosos.

Os taurinos são sociáveis, amáveis e bondosos. Gostam de amparar o próximo, e quem precisar de sua ajuda não terá de esperar muito, especialmente se souber tratá-los com a deferência que sempre apreciam.

Amor — A grande harmonia doméstica e até mesmo a mais completa felicidade pode ser encontrada quando se unem dois tipos positivos nascidos sob as estrelas destes dois signos. A família poderá dar causa a várias discussões pois taurinos e cancerianos vivem sempre ligados aos seus parentes, especialmente os taurinos, que ouvem muito os conselhos dos pais e dos irmãos mais velhos; embora o canceriano também seja apegado aos seus familiares, é mais independente que o nativo de

Touro que se insurgirá quando terceiros se puserem a criticar ou tentar interferir.

A felicidade maior poderá acontecer quando o nativo de Câncer contrair matrimônio com alguém nascido entre 21 e 29 de abril, decanato este que recebe a influência pura de Vênus, que se harmoniza muito bem com a Lua, senhora do Caranguejo. Os cancerianos devem evitar as uniões com taurinos negativos, que são sensuais e materialistas.

Amizade — Nas amizades os aspectos também são muito favoráveis. Tanto os taurinos como os cancerianos, são um tanto desconfiados no trato com os novos conhecidos, mas uma vez que classifiquem alguém no rol dos amigos, são sinceros, hospitaleiros, gentis e leais.

A convivência humana é sempre indispensável aos que nascem sob as influências estelares de Touro e Câncer, que são signos de induções muito afetivas e gregárias. As relações fraternas estabelecidas entre os nativos destes setores zodiacais poderão durar muitos anos e serão sempre benéficas e agradáveis.

Os cancerianos cuja data natal for entre 4 e 13 de julho terão maior afinidade com as pessoas nascidas entre 21 e 29 de abril, primeiro decanato de Touro; com os demais taurinos, poderão ter algumas questões ou aborrecimentos, principalmente se estes forem tipos negativos ou pouco evoluídos.

Negócios — Nas associações comerciais, taurinos e cancerianos se entenderão bem. As probabilidades de sucesso financeiro são duvidosas, dependendo das personalidades; ambos os tipos astrológicos são um pouco tímidos, às vezes agem com demasiada cautela e freqüentemente perdem excelentes oportunidades porque pensam demais... e quando se resolvem a agir, o melhor momento já passou.

Se essas debilidades forem vencidas, as associações poderão ser extraordinariamente produtivas, especialmente para os cancerianos, cuja casa dos bens materiais é dominada pelo Sol, o astro que promete fortuna e felicidade a quem sabe agir com energia e dinamismo. Os nativos de Câncer devem evitar os tipos negativos de Touro, principalmente os nascidos entre 30 de abril e 9 de maio; estes taurinos, quando inferiores, possuem forte tendência para a fraude e são extremamente desonestos.

CÂNCER–GÊMEOS. O calmo e conservador signo do Caranguejo não tem muita afinidade com o inquieto e vibrátil signo de Gêmeos. Estes dois setores zodiacais possuem vibrações que proporcionam muita oposição entre seus nativos.

Gêmeos, cuja vibração é dupla, costuma dividir a personalidade dos seus nativos que vivem perpetuamente suspensos entre a razão e a emoção. Como signo aéreo, também determina tendências renovadoras que entram em choque com a natureza conservadora de Câncer, que embora ofereça aspectos cambiantes em sua superfície é imutável nas camadas mais profundas.

O geminiano, embora alegre, sociável, bondoso e amável, tem uma natureza difícil de entender. Seu humor é intensamente variável e os predicados acima expostos podem ser, subitamente, substituídos por irritação, indiferença ou melancolia. A constância nos afetos, o respeito às tradições e o culto à ordem, à paz e às instituições sociais, principalmente as que se relacionam com a família, são qualidades sempre encontradas nos cancerianos; os nativos de Gêmeos, em oposição, não dão muita importância às tradições ou aos ancestrais, e não se importam em transpor os limites legais quando julgam que devem fazê-lo. Por outro lado, enquanto o nativo de Câncer ama sincera e profundamente e sempre encontra na pessoa amada qualidades que superam seus defeitos, o geminiano — que procura sempre um tipo ideal — enxerga mais as falhas do que as virtudes.

O geminiano é sujeito às alternativas de generosidade e indiferença. Quem necessitar de seus favores deve saber esperar o momento oportuno. Deve, também, insistir no pedido pois os nativos de Gêmeos facilmente esquecem tudo e todos.

Amor — Para os cancerianos o lar e a família são as coisas mais importantes do universo; eles não viverão muito bem com os geminianos que geralmente consideram os deveres conjugais como laços incômodos que servem de freio à sua sede de liberdade e movimento.

O nativo de Gêmeos tem uma língua ferina e gosta de criticar; como o canceriano é extremamente suscetível e se ofende com facilidade, isto poderá azedar bastante as relações matrimoniais. No destino dos geminianos existe quase sempre a marca de uma separação ou de uma união, e os nativos de Câncer devem procurar sempre unir-se a tipos positivos para depois não se verem abandonados.

Intrigas ou cartas anônimas poderão provocar discórdias domésticas. As uniões também serão menos felizes quando os cancerianos gostarem de alguém nascido no terceiro decanato de Gêmeos, entre 9 e 20 de junho.

Amizade — As relações amistosas entre cancerianos e geminianos oferecem aspectos duvidosos. Os nativos de Gêmeos são evasivos, inconstantes e não têm aquele calor humano que determina as amizades profundas e que as faz existir mesmo quando os amigos se separam temporariamente.

Para o geminiano, a afinidade deve ser intelectual; para os cancerianos, é sempre sentimental, e um amigo lhes é tão caro quanto um irmão. Como não existem condições muito favoráveis para uma perfeita comunhão mental entre os inquietos, curiosos e racionais nativos de Gêmeos e os calmos, construtivos e sensíveis nativos de Caranguejo, as relações fraternas entre ambos quase sempre terão um caráter superficial e passageiro.

Os cancerianos devem evitar os tipos negativos de Gêmeos, principalmente os que nascem entre 9 e 20 de junho; este decanato de Gêmeos recebe a influência de Urano que, em seus raios negativos, induz à perversão e destruição da lei, da ordem e das instituições.

Negócios — Esta forma de associação é a que oferece maiores probabilidades harmoniosas. Os geminianos são excelentes comerciantes e sabem, por instinto, tudo quanto o povo aprecia e necessita; os cancerianos têm a mesma intuição comercial e ainda têm, a seu favor, uma grande capacidade para trabalhar e organizar.

O geminiano só é constante quando faz uma coisa que realmente aprecia e, geralmente, gosta de empreender duas ou mais tarefas ao mesmo tempo. Sua atenção, portanto, é sempre dividida, o que o torna um associado pouco conveniente. O nativo de Câncer sempre se dedica de corpo e alma ao seu trabalho, e a discórdia entre ambos os tipos astrológicos será sempre fundamentada na ação intermitente do dispersivo nativo de Gêmeos.

Os cancerianos devem acautelar-se ao tratar com geminianos negativos, que são desonestos, trapaceiros e maliciosos.

CÂNCER–CÂNCER. Como sempre acontece quando se unem tipos astrológicos que têm seu momento natal no mesmo signo, os resultados tanto poderão ser muito harmoniosos como muito hostis.

Tudo quanto foi dito sobre os cancerianos, principalmente em relação às finanças, à família e à posição social, pode ser considerado em dobro quando dois deles se associam. Tendo ambos as mesmas qualidades e as mesmas debilidades, poderão progredir imensamente ou estagnar de modo irremediável. Quando ambos forem tímidos e passivos, embora se amparem e confortem mutuamente, um nunca servirá de elemento dinamizador para o outro. Nunca alcançarão grande prosperidade e viverão sempre modestamente, pois terão receio de arriscar-se e enfrentar os perigos que sempre acompanham a batalha pela conquista da independência e da fortuna. A riqueza e o prestígio, todavia, sempre batem à porta dos tipos positivos que sabem lutar com dinamismo e energia e não se deixam vencer facilmente.

Os cancerianos nascidos no segundo decanato do Caranguejo, entre 4 e 13 de julho, são os menos pacíficos e submissos tipos deste signo; estes dez dias de Câncer recebem a influência participante de Marte, cujas vibrações são agressivas, dominadoras e violentas e estas condições fazem com que as relações entre estes cancerianos e seus irmãos de signo sejam muito menos harmônicas.

Os cancerianos são bondosos e humanos. Quem precisar de auxílio pode recorrer a eles que será atendido, desde que seu pedido não interfira ou não prejudique sua vida particular.

Amor — As uniões entre cancerianos podem ser pacíficas, harmônicas e fecundas. Quando um nativo de Câncer afeiçoar-se a outro que seja de natureza inferior, sofrerá muito, pois não terá coragem para se separar do cônjuge, por pior que este seja. As maiores promessas de felicidade existem nos matrimônios entre cancerianos nascidos no primeiro decanato, entre 21 de junho e 3 de julho e os do terceiro decanato, que vai de 14 a 21 de julho. Os que nascem nos dez dias do meio deste signo, entre 4 e 13 de julho, são mais dominadores e agressivos; embora exijam ordem e obediência absolutas, não são os primeiros a obedecer à rotina que impõem ou a submeter-se ao cônjuge.

Como já dissemos, o casal, embora feliz, poderá não ter muita prosperidade financeira enquanto existirem a timidez e a cautela excessivas, debilidades que freqüentemente acompanham os nativos deste signo. Quando um dos cônjuges for de natureza inferior poderá inclinar-se à bebida ou será intrigante e malicioso.

Amizade — As amizades entre cancerianos positivos serão duradouras, profundas e agradáveis. Pais se unirão por laços fraternos e os filhos darão continuidade a essas relações. Os amigos cancerianos costumam procurar-se mais assiduamente nas horas de dor ou de necessidade, e nenhum deles nega ao outro o seu apoio moral e financeiro. Freqüentemente essas relações conduzem a reuniões ou pesquisas de caráter espiritualista; os nativos de Câncer, com sua natureza essencialmente mística, geralmente sentem necessidade de estabelecer uma aproximação mais direta com o misterioso mundo dos espíritos, que para eles é tão real quanto o mundo material.

É preciso cuidado com os elementos negativos que podem ser intrigantes e maliciosos. Devem ser evitados, também, os tipos crédulos ou fanáticos, que vivem envolvidos com o baixo espiritismo, o curandeirismo, etc.

Negócios — Nas relações entre cancerianos, aqui encontramos um dos aspectos mais duvidosos. Tanto se poderá verificar uma associação extremamente compensadora como poderá acontecer um fracasso total em virtude de que as qualidades e debilidades de ambos os nativos são as mesmas; extraordinário senso comercial, dom inato para lidar com o público, esperteza quase mercuriana para fazer multiplicar o dinheiro; ou, então, timidez, cautela em demasia, relutância em aceitar os modernos métodos de trabalho, etc.

Quando se unem tipos enérgicos, que sabem agir com prudência mas também são capazes de atacar no momento exato, o sucesso poderá ser rápido, pois o Sol, o planeta da riqueza e da fama é quem governa a Casa da Fortuna dos nativos de Câncer. É preciso, porém, evitar as associações com tipos inferiores que escondem a malícia e a desonestidade sob uma aparência amável e submissa.

CÂNCER–LEÃO. Câncer tem a regência da Lua, que é passiva e domina sobre a reprodução das espécies; o signo de Leão é governado pelo Sol, que tem polaridade positiva e é responsável pela sobrevivência das espécies surgidas sob o influxo lunar. Sol e Lua simbolizam o princípio masculino e feminino e se unem para reproduzir num sentido puramente biológico, sem interferência da atração sexual.

Cancerianos e leoninos não se hostilizam, mas também não possuem grande afinidade mental ou espiritual. Com eles não acontece o mesmo que com os nativos de signos governados por Vênus e Marte, que embora se odiando não conseguem separar-se e quando separam unem-se para brigar de novo pois são magneticamente atraídos um para o outro.

Nas uniões entre nativos de Câncer e Leão a tendência dos leoninos sempre é de proteger e dominar os cancerianos pois o Sol, como elemento ativo, tem uma vibração cósmica mais intensa que a da Lua. Os nativos de Leão são generosos, bondosos, alegres e amáveis, porém gostam de comandar e subjugar, às vezes com prepotência, às vezes de modo suave: se os cancerianos não se acautelarem poderão ficar condicionados a um estado de obediência absoluta. Os leoninos negativos são falsos, aduladores, interesseiros, preguiçosos, sensuais e vaidosos.

O nativo de Leão, quando positivo, é generoso e amável, no entanto só as pessoas honestas conseguem seus favores, pois Leão não admite desonestidade ou mentira; para obter a ajuda do leonino basta usar de sinceridade.

Amor — As uniões amorosas entre cancerianos e leoninos positivos podem ser extremamente felizes. Unindo-se a um tipo menos evoluído, o nativo de Câncer terá de suportar um cônjuge vaidoso, dominador, suscetível e exigente.

Assuntos financeiros poderão trazer aborrecimentos, porque o leonino dificilmente suporta uma vida modesta e controlada; o signo de Leão corresponde à Casa dos Prazeres, no horóscopo fixo, e seus nativos geralmente não são muito prudentes em seus gastos.

O leonino costuma atrair fortemente o sexo oposto, o que, algumas vezes, poderá provocar o ciúme do nativo de Câncer que é profundamente agarrado a tudo o que lhe pertence. Os casamentos mais perturbados por ciúmes ou discussões acontecerão para os cancerianos nascidos entre 14 e 21 de julho; estes dez dias recebem a influência participante de Netuno, cujas vibrações não se harmonizam com o signo de Leão, o que determinará forte antagonismo entre o nativo de Câncer e seu cônjuge.

Amizade — Na vida de todo canceriano quase sempre existirá um nativo de Leão que lhe será de grande auxílio. Os leoninos têm grande facilidade para conviver com pessoas de fortuna e alta posição, e os nativos de Câncer poderão por intermédio deles arranjar apoio para seus negócios ou projetos.

Nunca existirá grande afinidade mental ou espiritual entre leoninos e cancerianos. Aqueles são magnéticos e simpáticos, geralmente dominam o ambiente onde se encontram, mas sempre esbarram com a delicada reserva destes outros, que sempre desconfiam de personalidades irradiantes e intensas. Os cancerianos devem evitar leoninos negativos pois estes poderão causar aborrecimentos, seja por questões amorosas, jogo ou imprudência em assuntos de dinheiro. O cuidado deve ser mais acentuado por parte dos que nascem entre 14 e 21 de julho, terceiro decanato de Caranguejo; estes cancerianos poderão ser extraordinariamente prejudicados por leoninos negativos.

Negócios — Quando se associarem aos nativos de Leão, se não agirem com tato e cuidado, os cancerianos serão prejudicados. Em virtude da natureza dominadora e exigente do leonino, que tanto sabe mandar com as garras como subjugar com laços de seda, os nativos de Câncer poderão ver-se reduzidos à condição de empregados.

Associando-se a um elemento positivo, o canceriano terá no leonino um sócio honesto, generoso e leal. É bom saber que os nativos do Leão têm inteligência desenvolvida e rara capacidade de orientar e comandar. As uniões comerciais entre eles e os nativos de Caranguejo sempre prometem lucro, prestígio e satisfação; é imperativo, porém, que o leonino dê ao canceriano o seu exato valor e que este nunca se deixe dominar por seu sócio. Aborrecimentos por dinheiro e até questões com a justiça poderão surgir nas associações com tipos negativos de Leão.

CÂNCER–VIRGEM. Virgem é um signo de terra e seu regente é Mercúrio, que se harmoniza bem com a Lua, o que determina pronunciada afinidade entre cancerianos e virginianos.

Os nativos destes dois signos têm muitos pontos em comum. Ambos são dedicados ao seu trabalho, sabem economizar e guardar seu dinheiro, e preferem sempre uma atividade de menor responsabilidade, sem grandes lucros ou honras, mas também sem grandes dificuldades. Virgem oferece estranha duplicidade e seus nativos tanto podem ser tipos admiráveis, inteligentes, compreensivos e sensíveis como podem ser obtusos, teimosos e rixentos. Os aspectos inferiores de Virgem ainda podem determinar imoralidade e desonestidade.

Os cancerianos se harmonizam bem com os virginianos positivos embora sempre saiam prejudicados quando se associam aos nativos de Virgem que possuem vibrações menos elevadas; como o nativo de Câncer tem muito boa fé, fatalmente acabará enganado por estes virginianos que são egoístas, interesseiros e nem sempre muito honestos.

Os tipos mais evoluídos de Virgem, além de extraordinários dotes intelectuais, também são extremamente humanos e se dedicam intensamente às obras de caráter social, principalmente às que se relacionam com crianças e velhos. Associando-se a estes virginianos, os cancerianos terão oportunidade de realizar tarefas assistenciais que terão grande repercussão.

Os virginianos superiores são bondosos, generosos e compreensivos; os inferiores são egoístas, indiferentes e invejosos. Quem precisar de um favor deve procurar os primeiros porque dos outros não conseguirá nada.

Amor — Aqueles que nascem sob as estrelas de Virgem não costumam demonstrar, demasiadamente, seus sentimentos e emoções; uma vez, todavia, que se unem a alguém, dedicam-se de corpo e alma à pessoa amada.

Os casamentos entre cancerianos e virginianos terão um caráter pacífico mas nunca serão intensamente harmoniosos, pois falta ao nativo de Virgem o calor humano que o canceriano considera indispensável à sua felicidade. Serão, não obstante, uniões duradouras; depois de alguns anos, embora nenhum dos dois esteja intimamente satisfeito, ambos conseguirão estabelecer um modo de vida agradável e tranquilo.

O nativo de Câncer deve escolher bem o seu cônjuge quando este pertencer ao signo de Virgem. Os virginianos inferiores geralmente são muito inclinados à intriga e à desonestidade ou então são moralmente pervertidos, o que trará muito sofrimento ao canceriano, que é exigente em questões de moral.

Amizade — Os virginianos gostam de servir e ajudar, mas certos tipos deste signo não são muito prestativos quando não percebem algum lucro em sua cooperação. A amizade, para muitos deles, é algo espiritualmente valioso, mas para outros serve apenas enquanto oferece algum proveito.

Os cancerianos nascidos entre 4 e 13 de julho devem evitar os virginianos negativos, que poderão trazer-lhes grandes prejuízos; este decanato recebe a influência participante de Marte, que sempre leva a pior parte quando em contato com virginianos ou geminianos de vibrações negativas.

Certos virginianos são reservados no que concerne aos seus próprios problemas mas são muito tagarelas em relação aos problemas alheios; os nativos de Câncer, que quando abrem a porta de sua casa a um amigo também abrem o coração, poderão ter aborrecimentos com estes virginianos, principalmente quando eles forem de condição social inferior.

Negócios — As associações comerciais entre nativos destes dois signos são muito favoráveis pois ambos possuem forte instinto aquisitivo e são laboriosos e constantes. O virginiano é mais decidido que o canceriano; e, quando tipos positivos se associam, os resultados são excelentes para ambas as partes, mas muito especialmente para os de Câncer, cuja Casa da Fortuna é governada pelo Sol.

As profissões ligadas a Virgem têm muita afinidade com as que são induzidas por Câncer. Quando cancerianos e virginianos se unem e escolhem uma atividade, comum a ambos os setores zodiacais, principalmente as que exigem trato direto com o público, as possibilidades de fortuna são consideráveis.

Ligando-se a elementos inferiores o nativo de Câncer deverá precaver-se contra desvios de dinheiro ou intrigas e questões que poderão levá-lo aos tribunais, especialmente quando relacionadas com empregados e subalternos.

CÂNCER–LIBRA. Os nativos do signo de Libra se harmonizam, ou pelo menos convivem bem, com quase todos os tipos astrológicos, desde que estes sejam evoluídos e positivos. Libra é o signo da Justiça, e seus nativos têm o instintivo dom de entender e apreciar cada indivíduo, dando-lhe todo o seu mérito. Assim, embora nascidos em um setor zodiacal cujas vibrações são de arte, sensibilidade, ordem e paz, os librianos se harmonizam com os impulsivos nativos de Áries, os revolucionários aquarianos, os violentos escorpianos e os intelectuais e sensuais nativos de Sagitário; desde que eles estejam cumprindo, de forma positiva, as determinações cósmicas de seu signo.

De igual modo, os librianos também compreendem e valorizam os impressionáveis, inteligentes e afetivos nativos do Caranguejo, pois sabem que eles tanto podem penetrar no mundo superior da inspiração criadora como também sabem zelar pela segurança e perpetuação da primeira e mais importante instituição social: a família.

Libra é um signo de ar. Enquanto a água em Câncer determina uma natureza emotiva, afetiva, impressionável e mística, o ar em Libra proporciona mais sensibilidade e torna a mente mais objetiva e racional. A união de librianos e cancerianos pode dar lugar a realizações de alto valor material ou espiritual. É necessário cuidado com os librianos negativos, que são sensuais e imorais e sempre procuram perverter e corromper.

O nativo de Libra é justo e imparcial mas sente certa indiferença pelos problemas alheios. Aqueles que solicitarem seu auxílio só serão atendidos se o pedido for honesto.

Amor — O libriano, embora muito afetivo e extremamente apegado ao lar e à família, não tem a mesma dedicação, o mesmo espírito de sacrifício do canceriano. O nativo de Libra ama e defende mas não se escraviza. Para Câncer o lar é o centro do Universo, ao redor do qual ele gravita; para o libriano ele é, apenas, uma possessão muito preciosa, da qual é senhor, porém, não servo.

Problemas financeiros ou certas questões de família poderão trazer discórdia, e os cônjuges, embora não se separem legalmente, viverão indiferentes um ao outro. A harmonia será menor quando o canceriano se unir a alguém nascido no segundo decanato de Libra, entre 2 e 11 de outubro: estes librianos, embora muito inteligentes, sempre têm um gênio mais independente e rebelde do que seus irmãos de signo, e, quando inferiores, são imensamente destrutivos e prejudiciais.

Amizade — No setor das amizades, as probabilidades harmoniosas são maiores; quando não há obrigações ou laços íntimos amarrando-os, Libra e Câncer costumam estabelecer sólidas relações fraternas, baseadas nas altas qualidades dos dois signos. Seus nativos possuem forte instinto comercial, e uma simples amizade entre ambos poderá terminar numa associação comercial de grande sucesso.

Os cancerianos devem agir com muita precaução quando lidarem com librianos inferiores que são vaidosos, orgulhosos, egoístas e interesseiros. A sensualidade, a imoralidade e, freqüentemente, a desonestidade também são dotes do filho inferior de Balança; amizades íntimas com estes librianos poderão trazer discussões e aborrecimentos domésticos. Poderão, ainda, determinar questões com a justiça que causarão prejuízos sociais e morais aos nativos do Caranguejo.

Negócios — Os aspectos encontrados nas associações comerciais entre librianos e cancerianos são de natureza dúbia. Agindo dentro das profissões afins com os dois signos, principalmente as ligadas às atividades intelectuais e artísticas, os nativos de Câncer e de Balança poderão ter imenso lucro. É importante lembrar, porém, que será quase inevitável o choque de personalidades; à sua amável maneira, o libriano é sempre um pequeno déspota que gosta de ter o primeiro lugar em tudo; e os cancerianos devem cuidar-se para não se verem absorvidos por seu sócio.

Associando-se a elementos negativos, o nativo de Câncer poderá ter prejuízos e aborrecimentos, não só no trato diário com seu sócio como também nos assuntos comerciais. Poderá surgir grave questão entre ambos, que acabará levando-os aos tribunais; é oportuno lembrar que nas questões legais os de Caranguejo nem sempre saem vencedores mesmo que estejam com a razão.

CÂNCER–ESCORPIÃO. Caranguejo e Escorpião pertencem ao mesmo elemento: a água. Mas enquanto o primeiro é um signo pacífico e de tendências conservadoras, o segundo é de natureza violenta e de tendências renovadoras. Câncer tem a regência da Lua, que governa as emoções e as sensações; Escorpião está sob o domínio do agressivo Marte e parece possuir todas as qualidades para ser considerado como o domicílio de Plutão, o planeta da desintegração atômica, mitologicamente associado ao sombrio deus dos abismos infernais.

Dominador, inteligente, mordaz, nem sempre paciente, muito agressivo, teoricamente sentimental mas intrinsecamente prático, o escorpiano difere completamente do canceriano que combate por meios pacíficos e domina pela afeição. O nativo de Câncer respeita a personalidade de todos os que o cercam, protege os que dele dependem, mas não tenta submetê-los à sua vontade. O escorpiano é tão agarrado aos seus quanto o canceriano, mas sempre tenta moldá-los à sua imagem.

Onde os de Câncer e de Escorpião se encontram e palmilham o mesmo caminho é na ansiosa pesquisa dos mistérios do Além; no canceriano este impulso é determinado por sua natureza mística; no escorpiano ele obedece a uma razão mais forte, pois no zodíaco fixo, intelectual, o signo do Escorpião corresponde à Casa da Morte.

O escorpiano é voluntarioso e dominador, mas sabe agir com generosidade; só não gosta de ser enganado.

Quem precisar de algum favor seu, deve falar com absoluta sinceridade para ser atendido.

Amor — O escorpiano geralmente é fiel, dedicado e sincero, profundo em seu afeto e extremamente apegado a tudo o que é seu. Estas qualidades também são encontradas no canceriano; mas enquanto ele age pela persuasão, procura se impor pelo carinho e se faz obedecer usando métodos suaves, o escorpiano, orientado pelo mesmo desejo de proteger, age de modo obstinado, impõe duramente a sua vontade e só o que lhe importa é ser obedecido.

Uma união entre nativos destes dois signos poderá ser repleta de pequenos aborrecimentos e problemas. Quanto mais negativo for o escorpiano, menos harmoniosa será a vida conjugal. Unindo-se a alguém nascido sob as estrelas de Escorpião, o canceriano deverá sempre fazer uma escolha cautelosa senão viverá dominado pelo cônjuge. Os casamentos com escorpianos nascidos entre 23 e 31 de outubro só serão completamente felizes quando o canceriano pertencer ao segundo decanato do seu signo, isto é, quando tiver nascido entre 4 e 13 de julho.

Amizade — O nativo de Escorpião é quase sempre excelente amigo; sempre presente nas horas agradáveis e sempre pronto para auxiliar nos momentos difíceis. Por interessante contraste, como a aprovação alheia lhe é sempre agradável, o escorpiano costuma ser mais gentil com amigos e estranhos do que com seus familiares. Todavia, sua inclinação para proteger se estende também aos que a ele se ligam fraternalmente; se não forem enérgicos, os cancerianos logo se verão envoltos por seus amigos de Escorpião, que os encherão de conselhos e sugestões e se magoarão se não forem ouvidos.

Os nativos de Caranguejo devem selecionar suas amizades escorpianas. Se não o fizerem, devem preparar-se para muitos aborrecimentos. Os tipos negativos de Escorpião são belicosos e violentos; poderão transformar-se em inimigos perigosos que prejudicarão as finanças e a posição social dos cancerianos ou de seus filhos.

Negócios — Quando cancerianos e escorpianos se dedicam às atividades comerciais ou intelectuais eles costumam ter muito sucesso. É preciso, porém, que a atividade escolhida seja favorável a ambos, o que é um pouco difícil, pois as profissões induzidas por Câncer e Escorpião e por seus regentes, Lua e Marte são bastante antagônicas.

Não é fácil conviver intimamente com um nativo de Escorpião, em virtude do seu gênio rebelde e de suas tendências possessivas; não obstante ele é absolutamente honesto, é incapaz de praticar qualquer traição e costuma sempre respeitar a capacidade alheia, nunca interferindo no que não é de sua alçada.

Os escorpianos mais dotados para as atividades comerciais e que melhor se harmonizam com os cancerianos, são os que nascem entre 11 e 21 de novembro. Este decanato tem a regência participante da Lua, e seus nativos são os que mais se assemelham aos nativos de Câncer, quanto ao temperamento e sagacidade.

CÂNCER–SAGITÁRIO. Câncer representa a família, o lar e a conservação e defesa do clã. Sagitário é a lei, a ordem, a hierarquia e a ética; é o setor zodiacal em que o homem estrutura os códigos que irão resguardar sua segurança, em que os indivíduos são separados em castas ou em camadas sociais e em que a fé se transforma em religião, com sua ritualística, seus dogmas e sua função mais política e social do que mística.

Câncer complementa bem o signo de Centauro pois sabe que através da sua vibração cósmica provém toda a organização social e política necessária à defesa de sua família e de seus bens materiais. Todavia, as naturezas de ambos são opostas pois enquanto Câncer, pertencendo ao elemento água, tem uma natureza fluente e adaptável, Sagitário, que é um signo de fogo, possui uma essência radiante, que modifica para conseguir a perfeição e destrói aquilo que não pode aperfeiçoar.

O canceriano age de acordo com suas emoções. O sagitariano age através do intelecto; embora mais apaixonado e sensual é menos afetivo e sensível. A convivência entre ambos poderá ser extremamente benéfica porque Júpiter, o regente de Centauro, tem em Câncer o setor zodiacal no qual encontra sua exaltação, isto é, no qual se dinamizam ao mais alto grau suas irradiações elevadas, generosas, humanitárias e intelectuais.

O sagitariano é generoso e gosta de ajudar a todos. Agrada-lhe ser encarado como um benfeitor, mas é orgulhoso e vaidoso e gosta de ser tratado com muito respeito.

Amor — O nativo de Sagitário, que pertence a um signo de natureza dupla, sempre procura, no matrimônio, a perfeita satisfação sexual e a perfeita complementação espiritual e mental. Quando não encontra no cônjuge todas as qualidades desejadas, em lugar de resignar-se, procura fora de casa a parte que lhe falta, atitude que o canceriano, geralmente, é incapaz de imitar.

Os nativos de Câncer, como já sabemos, são constantes, afetivos e dedicados. Os sagitarianos possuem uma natureza mais volúvel, determinada pelo ritmo mutável de seu signo, que inclina à oscilação entre o bem e o mal. Por outro lado, no destino de quase todo sagitariano sempre existe a possibilidade de um casamento desfeito ou de duas uniões simultâneas, uma legal e outra ilegal. Os mais evoluídos, todavia, quando se afeiçoam realmente a alguém, são apaixonados, fiéis e constantes; unindo-se a um destes o canceriano será muito feliz.

Amizade — Os nativos de Sagitário, que é um signo que rege especialmente as relações humanas, são extremamente gregários, amáveis e hospitaleiros. Detestam, todavia, qualquer forma de promiscuidade e sempre costumam procurar seus amigos nas camadas sociais iguais à sua ou superiores. Da mesma forma que o canceriano, eles costumam manter relações cordiais com um grande número de pessoas e só franqueiam sua casa àqueles que consideram realmente amigos.

Os cancerianos sempre poderão contar com o apoio fraterno dos sagitarianos que gostam de prestigiar e estimular seus amigos e nunca negam sua ajuda nas horas necessárias. É preciso, porém, cuidado com os tipos negativos, pois eles são fanáticos em religião e moral ou então sensuais e materialistas. As relações mantidas com sagitarianos inferiores, especialmente os de baixa condição social, poderão trazer graves aborrecimentos.

Negócios — As associações comerciais entre nativos de Câncer e de Sagitário só prometem sucesso quando o canceriano se une a tipos positivos; os negativos, além das debilidades já apontadas, são também orgulhosos e dominadores em relação aos quais o canceriano se verá espoliado em seus direitos.

Estas associações poderão determinar várias viagens, algumas delas bem longas. É sempre necessário verificar com muito cuidado todos os papéis, assinaturas, documentos, procurações, etc., pois tanto o signo de Caranguejo como o de Centauro não prometem muita sorte com eles, que poderão trazer danos e aborrecimentos. É importante, também, que as responsabilidades sejam bem divididas; os sagitarianos são esplêndidos organizadores e dirigentes, e os cancerianos podem seguir tranqüilamente sua orientação, mas devem impor também seu bom senso nos negócios, pois o nativo de Centauro, que é esplêndido nos postos de comando e nas relações públicas, quase sempre é um comerciante bem pouco hábil.

CÂNCER–CAPRICÓRNIO. Capricórnio tem como símbolo um animal mítico, com corpo de peixe e cabeça de cabra, e embora seja um signo de terra está cosmicamente ligado à água. Se pudéssemos localizá-lo materialmente não o veríamos na superfície terrestre, repleta de vida, banhada pelo calor do Sol, cheia de árvores, plantas e campos cultivados; como os outros dois signos de terra, Touro e Virgem nós o encontraríamos em alguma úmida e sombria caverna ou nas profundas camadas, tendo como trono um caudaloso rio subterrâneo.

Capricornianos e cancerianos não se harmonizam muito. A Lua, senhora de Câncer, sob cuja guarda tanto está a respiração dos oceanos como a circulação da seiva nas árvores ou o fluxo menstrual das mulheres é hostil a Saturno, o regente da Cabra Marinha, cujo hálito gelado imobiliza, esteriliza e aniquila. O antagonismo entre os regentes planetários determinam, portanto, certo antagonismo entre os nativos de ambos os signos.

O canceriano, mesmo o mais egoísta e comodista, sempre tem algo de si para dar aos outros. O capricorniano, com exceção naturalmente dos tipos superiores, gosta de receber mas raramente dá, e dificilmente agradece. Os tipos negativos são frios, utilitários e egoístas. Os tipos mais elevados, embora não sejam muito gregários, não espalham profusamente seu afeto e são justos, retos, inteligentes e espiritualizados.

O capricorniano não gosta de ser abordado por desconhecidos, tem uma natureza bastante reservada e às vezes nada consegue comovê-lo. Quem necessitar de seus favores terá de pedir auxílio a uma boa estrela, se quiser obtê-lo.

Amor — Os capricornianos não gostam de demonstrar seus sentimentos. Mesmo quando amam profundamente não gostam de exteriorizar seu afeto e não são muito hábeis para fazer um carinho ou dizer uma palavra amável. O canceriano, que sempre necessita de afeto e aprovação, ao se unir a um capricorniano deverá procurar entender isso, se quiser ser feliz.

As uniões mais harmoniosas e fecundas acontecem quando os nativos de Caranguejo se unem a alguém nascido entre 31 de dezembro e 9 de janeiro; esse decanato recebe a influência participante de Vênus e os capricornianos que a ele pertencem são mais amáveis, amorosos e gentis que seus irmãos de signo.

Os cancerianos devem evitar os nativos de Capricórnio, de vibração inferior. O signo da Cabra Marinha oferece os mais perigosos e destrutivos tipos zodiacais, notáveis por sua crueldade e frieza. Se escolher mal, o canceriano terá uma vida conjugal triste e sombria, pois onde existe um capricorniano negativo não há risos ou alegria.

Amizade — Os capricornianos positivos só admitem uma classe de amigos: aqueles que se harmonizam com seu temperamento e com sua natureza espiritual. Os negativos também só admitem uma classe: aqueles que lhes podem ser úteis, social ou financeiramente.

Quando os cancerianos estabelecem relações fraternas com algum nativo de Capricórnio, podem ter certeza de que elas serão sinceras, profundas e benéficas. Essas amizades poderão trazer muito proveito aos nativos de Câncer, pois, no zodíaco fixo, Capricórnio corresponde à Casa que governa o prestígio e a posição social. Ligando-se a elementos negativos, os cancerianos seguramente serão perturbados por intrigas mesquinhas ou por intromissões em sua vida doméstica. Poderão, também, ocorrer misteriosos e desagradáveis acontecimentos porque o capricorniano, quando inferior, procura corromper e perverter aquilo que o indivíduo tem de mais caro e que, no caso do canceriano, é a família.

Negócios — As associações comerciais podem trazer muita fortuna a cancerianos e capricornianos, desde que a atividade escolhida seja favorável a ambos, o que é um pouco difícil, pois Câncer e Capricórnio dominam sobre profissões bem opostas.

As possibilidades serão excelentes quando os nativos de Caranguejo se encarregarem de lidar com o público ou cuidar da parte externa dos negócios e os capricornianos ficarem com a organização interna. Como ambos os tipos são laboriosos, pacientes e possuem grande tino comercial, qualquer empreendimento poderá prosperar rapidamente.

Os cancerianos não terão muita sorte nos negócios realizados com capricornianos nascidos entre 22 e 30 de dezembro; este decanato pertence exclusivamente a Saturno, que é muito hostil à Lua, que geralmente é a responsável pelo sucesso financeiro dos nativos de Caranguejo.

CÂNCER–AQUÁRIO. Câncer compreende bem a importância cósmica de Aquário mas não aprova e não compartilha de seus ideais; Aquário é o signo da Evolução e o Caranguejo é avesso a qualquer transformação, não gosta de inovações e teme tudo aquilo que possa modificar sua existência. A personalidade dos nativos dos dois signos possui características bem diversas e enquanto a sujeição pelo afeto é a maior aspiração do canceriano, a liberdade é a meta que o aquariano sempre procura.

O aquariano é um dos mais estranhos tipos zodiacais; é muito afetivo, muito consciente de suas responsabilidades, no entanto, pode libertar-se de qualquer laço afetivo sem nenhum sofrimento aparente; embora sempre procure novos caminhos, novas respostas e novas soluções, só costuma adotar aquilo que acha certo e justo e é extremamente obstinado e constante em suas atitudes e pensamentos; intelectualmente é universalista e humanista, na prática, foge da companhia humana e prefere sempre o isolamento e o silêncio; é um extremado defensor de seus semelhantes mas detesta ser incomodado. O canceriano que é, por dentro e por fora, amável, gentil e generoso, que está sempre disposto a sacrificar-se por seus familiares e por seus amigos e que não sabe viver sem o cálido apoio de todos os que o rodeiam, não aprova o temperamento do nativo de Aquário embora sempre se esforce por entendê-lo.

O aquariano não é muito comunicativo ou sensível, mas sabe ser generoso. Quem necessitar de sua ajuda logo será atendido; o difícil será chegar até ele, pois Aquário torna seus nativos retraídos e pouco sociáveis.

Amor — Nas uniões amorosas entre cancerianos e aquarianos só existirá felicidade quando ambos forem tipos positivos que saibam entender-se sem muitas brigas ou discussões; Aquário e Câncer dão muita teimosia aos seus nativos e, quando ambos se desentenderem, a reconciliação será bem difícil.

Se o canceriano escolher um aquariano de vibração superior, a união será extremamente harmoniosa pois o nativo do Aguadeiro, quando ama, o faz de modo intenso; e talvez tenha maior capacidade de sacrifício que o próprio canceriano; apenas, este terá de ter paciência com seu cônjuge, desculpar sua conduta às vezes excêntrica e seu quase total desinteresse pelos assuntos domésticos.

As uniões mais felizes e fecundas acontecerão quando o nativo de Câncer se afeiçoar a um aquariano nascido entre 9 e 19 de fevereiro; este decanato recebe a vibração participante de Vênus, que se harmoniza bem com o Caranguejo e sua regente, a Lua.

Amizade — No terreno das amizades as possibilidades de harmonia são mais acentuadas desde que o canceriano não espere, do nativo de Aquário, a mesma assiduidade e afetividade de que ele é capaz. O aquariano às vezes é sociável e gosta de estar na companhia dos amigos mas outras vezes se introverte, mergulha num dos estados depressivos que são muito comuns aos filhos dos signos aéreos e se torna muito mal humorado e hostil quando o incomodam. Em todos os casos a amizade sempre dependerá mais da serena compreensão dos cancerianos do que da estranha personalidade dos nativos de Aquário que, mesmo quando muito bem educados, são às vezes bastante peculiares.

Os nativos de Caranguejo devem evitar os aquarianos inferiores, que são perigosos, destrutivos e cruéis. Alguns deles são moralmente perversos podendo o canceriano ver-se envolvido em situações bastante desagradáveis.

Negócios — As associações entre cancerianos e aquarianos poderão trazer bastante lucro, principalmente quando for escolhida uma profissão ou atividade favorável a ambos. Da mesma forma que o nativo de Câncer, o aquariano também é um trabalhador incansável, que não mede sacrifícios quando resolve lançar-se a qualquer empreendimento.

Os signos de ar geralmente dão aos que nascem sob sua influência a capacidade de exercer as mais variadas atividades. Os cancerianos também são muito maleáveis e têm, a seu favor, um senso comercial muito mais desenvolvido do que o dos aquarianos. As uniões entre estes dois tipos, portanto, sempre têm sucesso; o difícil será amarrar o nativo de Aquário a um compromisso onde ele se veja obrigado a colaborar com os outros.

A desonestidade quase nunca é debilidade de um aquariano, mesmo negativo. Associando-se a um elemento inferior, o canceriano não será roubado em seu dinheiro, mas será altamente prejudicado em seu bom nome.

CÂNCER–PEIXES. O signo de Peixes fecha o círculo zodiacal que representa Adam Kadmon, o homem arquetípico; tem como símbolo dois peixes, que são, também, o símbolo do Cristianismo e é a casa da abnegação e da elevação espiritual obtida através do sacrifício. Como Câncer, Peixes pertence ao elemento água, que nele assume a característica elevada do líquido batismal.

Cancerianos e piscianos são extremamente parecidos, pois ambos os signos tornam seus nativos sensíveis, impressionáveis, místicos e afetivos; desenvolvem a inclinação para a filantropia e a caridade; proporcionam generosidade e compreensão, e desenvolvem a tendência para o sonho e o romantismo. O nativo de Câncer é pacífico e modesto; valoroso na luta em defesa dos seus, mas tímido quando se trata de competir com estranhos, porque não lhe agrada humilhar ou sobrepor-se a ninguém. No signo de Peixes estas induções são muito mais acentuadas, o que torna o pisciano uma criatura encantadora, fácil de ser amada, mas raramente o transforma num vencedor, capaz de realizar-se materialmente.

Câncer e Peixes são muito sociáveis e os que nascem sob suas estrelas sempre distribuem fartamente seu carinho e sua afeição; enquanto, todavia, o canceriano limita seu mundo àqueles que a ele estão ligados por sangue ou por afeto, o pisciano é universalista: todos são seus irmãos e tem muito de boêmio em sua tendência para aceitar qualquer companhia, mesmo as mais humildes.

O nativo de Peixes dificilmente sabe negar favores. É bom, amável, generoso, alegre e tanto está sempre pronto para ir a uma festa como para visitar um doente num hospital. Quem precisar de sua ajuda terá apenas de pedir.

Amor — Casando-se com um pisciano, o canceriano provavelmente nunca chegará a conhecer completamente o seu cônjuge, pois os nativos de Peixes possuem uma região interior indevassável mesmo para as pessoas mais íntimas e queridas. Nisso se assemelham aos de Caranguejo, que também têm o seu ilimitado mundo da imaginação, para onde costumam fugir quando se sentem deprimidos ou frustrados.

Nas uniões amorosas, a junção Câncer–Peixes promete muita harmonia e muita satisfação. As possibilidades financeiras é que são menos favoráveis, a não ser que um, ou ambos, seja ambicioso, enérgico e combativo.

Os cancerianos devem escolher bem quando resolvem casar-se com um nativo de Peixes. Os piscianos negativos são traiçoeiros, e só atacam pelas costas; é fácil, porém, reconhecê-los, pois, além dessas debilidades, também costumam apreciar bastante a bebida e os entorpecentes.

Amizade — É no terreno das relações fraternas, puras e desinteressadas, que piscianos e cancerianos se entendem melhor. O prazer da boa conversa, o interesse comum pelas pesquisas psíquicas, a música, a leitura, qualquer desses será motivo para que ambos sintam satisfação na companhia mútua.

Como sempre, todavia, os nativos de Câncer devem procurar os piscianos superiores. No horóscopo fixo, a Casa de Peixes encerra o mistério dos sombrios planos de baixa vibração, os inimigos ocultos, as traições, as prisões e os castigos, espirituais e materiais. Um bom amigo pisciano poderá trazer muita alegria e satisfação, mas um mau elemento de Peixes seguramente causará graves danos. Os piscianos inferiores tanto podem inclinar-se para a bebida como para os tóxicos. Podem, também, dedicar-se ao tráfico de mulheres ou à prostituição, e o canceriano poderá ver-se, mesmo sem culpa, sujeito a prejuízos sociais e morais.

Negócios — Na vida comercial, na luta pelo dinheiro, somente os cancerianos práticos e objetivos obterão sucesso. A timidez, o receio de dar qualquer passo mais audacioso, e o temperamento acomodado e pacífico jamais lhes criarão condições favoráveis para obter prestígio e fortuna. O pisciano tem as mesmas debilidades do nativo de Caranguejo. Ao associarem-se, o canceriano deverá sempre escolher um tipo positivo, caso contrário os negócios não trarão lucro, e muitas vezes sequer passarão de projeto.

As sociedades entre estes dois tipos astrológicos poderão proporcionar-lhes a oportunidade de viagens ao exterior, ou negócios realizados com países estrangeiros poderão trazer-lhe grande fortuna. Para os cancerianos, as melhores associações serão as estabelecidas com os piscianos nascidos entre 1º e 10 de março, que também recebem as vibrações lunares.

LUA, REGENTE DE CÂNCER

A Lua, inspiradora de poetas e cúmplice de feiticeiros e bruxos, com seu brilho suave, com seus mares fantásticos e suas crateras extintas, mundo branco, frio e silencioso que se deixa povoar por dragões e figuras saídas da nossa imaginação, domina no plano Astral as sensações e as emoções. Nas criaturas, ela é responsável pelo instinto gregário e pela fecundação e reprodução das espécies, obrigando o animal a cortejar a fêmea no cio, e o homem a procurar uma companheira.

Para todos os tipos astrológicos ela tem importância fundamental, pois indica a duração da vida e, segundo a Casa onde está colocada, revela até que ponto o indivíduo está amarrado por laços atávicos e qual é a intensidade de sua vida psíquica e interior. Câncer é seu trono zodiacal e aí ela se mostra com todo o seu mágico poder. Proporciona, aos cancerianos, a memória genérica, a imaginação, a impressionabilidade e o misticismo. Torna-os geniais e iluminados, como quando está no plenilúnio, em sua fase brilhante. Pode fazer deles tímidos satélites sem luz própria, tornando-os modestos, obscuros e passivos. Governando as marés, que são a respiração dos oceanos, também condena os cancerianos a oscilações acionais e volitivas, fluxo e refluxo da vontade, ora fazendo-os caminhar num crescendo de atividade e coragem, ora mergulhando-os no temor e na inércia.

Ela tem, ainda, a sua misteriosa face oculta, que está perpetuamente voltada para o misterioso Universo, salpicado de galáxias e nuvens de poeira cósmica; sob esse aspecto ela pode determinar os cancerianos absolutamente passivos, que escondem o rosto para sonhar, fugindo às responsabilidades e recusando-se a encarar a terra, eterna arena de competição e combate, com todas as suas lutas e problemas. Ela, tão mística e pura, pode ainda transformar-se na satânica Lua Negra, que rege os rituais de baixa magia e que desenvolve a maldade, a malícia e a perversão.

A arte criadora ou interpretativa, a literatura, a poesia, a música, as obras teatrais, tudo isso tem afinidade com os cancerianos, seja qual for a sua data de nascimento. Também a noite, a selva, o mar, que tanto os atrai como os amedronta, as capelas perdidas nas estradas, as ricas naves das igrejas, iluminadas pela luz discreta das velas dos altares, as cerimônias litúrgicas e as procissões, especialmente as noturnas, costumam fascinar os cancerianos tanto quanto as ruidosas e coloridas multidões das ruas, das feiras, dos circos e dos mercados. Da mesma forma, os rituais de magia, o candomblé e as reuniões teosóficas ou espiritualistas costumam ser encarados por eles às vezes com temor, outras com reverência, mas nunca com indiferença.

As vibrações lunares, dominantes no signo de Câncer, estão ligadas a tudo o que se relaciona com o povo, com sua alimentação e diversão. Assim, os cancerianos podem dedicar-se, com sucesso, à importação e exportação ou ao comércio de gêneros alimentícios de toda espécie. Podem tornar-se proprietários ou empregados de bares, restaurantes, barracas de feira, bancas de mercado, peixarias, quitandas, confeitarias, casas de frios, pastifícios, fábricas de doces, balas e biscoitos ou de alimentos enlatados. Podem trabalhar com sucesso em todas as atividades relacionadas com o mar, os portos e os postos de alfândega. Podem obter lucro, mas também bastante prejuízo, com contrabando de toda espécie. Podem possuir ou trabalhar em casas de diversões de toda classe, desde cabarés de baixa categoria até cassinos, cinemas ou circos. Também as atividades intelectuais, artísticas e científicas poderão ser propícias aos nativos de Caranguejo, pois sua regente, a Lua, tem o poder de conferir um ilimitado poder mental a todos os que recebem suas vibrações.

A influência lunar é muito forte nos que nascem no primeiro decanato de Câncer, entre 21 de junho e 3 de julho. Estes cancerianos poderão alcançar grande prosperidade ao se dedicarem a qualquer atividade regida pela Lua. Nos que têm seu instante natal entre os dias que vão de 4 a 13 de julho, as irradiações lunares, sempre dominantes, mesclam-se, todavia, aos influxos de Marte, o que torna estes nativos mais ousados e agressivos, entreabrindo-lhes também muitas possibilidades nas profissões e atividades governadas por esse planeta, que é o regente de dois signos: Áries e Escorpião. Para os que nascem nos dez dias finais de Caranguejo, entre 14 e 21 de julho, Netuno vem trazer também seus benéficos raios; como, porém, as profissões induzidas por Netuno são bastante harmoniosas com as que são determinadas pelo influxo lunar, estes cancerianos poderão conseguir fama e fortuna perseguindo apenas os assuntos favorecidos pela Lua.

A maleável e sensível irradiação lunar é a responsável pela complexa personalidade dos cancerianos, que apresentam tantos aspectos contraditórios, podendo ser, alternadamente, preguiçosos crônicos e trabalhadores incansáveis. Ela é que lhes dá um enorme senso prático, e ao mesmo tempo os transforma em incorrigíveis sonhadores e românticos. É sua influência que obriga os nativos de Câncer a viver e sentir intensamente todos os dramas, seus e alheios; os historiadores e biógrafos nascidos sob Câncer descrevem vidas e fatos notáveis apenas porque sua admiração ou reprovação é sempre tão viva que sentem necessidade de perpetuá-la de algum modo. Embora raramente se intrometam pessoalmente, os nativos de Caranguejo não conseguem manter-se indiferentes aos problemas dos seus semelhantes; sendo Câncer a Casa da Família, todo homem, para o canceriano, é sempre um irmão; às vezes desagradável, às vezes indesejável mas, a despeito de tudo, irmão.

A Lua é o mais próximo corpo celeste, e talvez seja o que mais poderosa influência exerça sobre todas as criaturas humanas, seja qual for o setor zodiacal de nascimento. O canceriano é um privilegiado, pois recebe uma irradiação muito mais forte do que a de qualquer planeta que o capacita a desempenhar todas as determinações do signo de Caranguejo. Nada detém a marcha da Evolução, mas o seu passo é lento e sábio. O signo de Câncer é importante nesse processo pois lhe cabe moderar os impulsos imprudentes daqueles que se lançam adiante sem preparação adequada. A Lua, aliada ao Caranguejo, tem a tarefa de proteger a Humanidade, cuidando dela, como a mãe que retém o filho em seu ventre até que esteja pronto para nascer, atendendo-o depois de nascido, mantendo-o ligado ao passado para que aproveite a virtude de seus ancestrais e não incorra nos mesmos erros que eles, e libertando sua imaginação para que se inspire e prepare para o futuro.

Simbolismo das cores

As cores que pertencem à Lua e que sempre têm um efeito muito favorável sobre todos os cancerianos são o cinza pérola, o verde bem pálido, o azul esverdeado, também numa nuança muito clara, e o branco.

O branco simboliza a Verdade absoluta, pois contem em si todos os raios cromáticos. Mesclado com as outras cores, ele as modifica sem alterar sua essência, isto é, o azul mais profundo vai se tornando mais claro à medida que o branco vai sendo mesclado aos seus pigmentos; o vermelho mais violento transforma-se num suave rosa, e assim todas as cores se vão tornando mais diáfanas ao seu contato.

O branco é pureza, inocência e virtude. É a cor que associamos a Deus e aos seres celestiais. Simboliza a túnica dos mártires e dos profetas, os paramentos para o batismo, as vestimentas da primeira comunhão e da cerimônia nupcial. Sol e Lua vivem em perfeita união cósmica, pois representam os princípios ativo e passivo, masculino e feminino; a Lua suaviza a influência ardente dos raios solares, trazendo a frescura da noite; o branco suaviza igualmente a influência às vezes devastadora dos raios do Sol, e por essa razão os que vivem nos climas tropicais escolhem essa cor para suas vestes; os árabes resistem ao calor com seus alvos albornozes e os europeus que vão para a África só conseguem sobreviver usando capacetes e roupas alvas.

O verde bem pálido é a transformação lunar dos raios venusianos, cuja cor é o verde, delicado, porém mais intenso. Essa cor é a primeira composta e provém do azul e do amarelo. O azul representa o Espírito, a eternidade de Deus e a imortalidade do homem; o amarelo é a Sabedoria, domina sobre o equilíbrio vital ou a harmonização da matéria com o espírito. A mistura de ambos dá em verde que simboliza o conhecimento superior das verdades divinas e a compreensão das necessidades humanas.

Todos os tons pálidos em que o branco entre em abundância são benéficos para os cancerianos. O cinza, mescla de branco e preto, só deve ser utilizado numa nuança bem pálida. Saturno, o planeta que é chamado o *grande maléfico* e que encontra em Câncer a sua casa de exílio, tem o preto por cor. Ela deve ser evitada pelos cancerianos, pois além de diminuir suas qualidades espirituais e sensíveis ainda os afeta psiquicamente: os leva à melancolia, ao temor e aos estados depressivos.

O azul é altamente benéfico para os nativos de Caranguejo. É neste setor zodiacal que Júpiter, o planeta da generosidade, encontra sua exaltação, e sua cor, suas plantas, perfumes e pedras preciosas sempre beneficiam os cancerianos. O azul esverdeado, bem claro, é a união das cores de Vênus e Júpiter, mescladas ao branco lunar: é dos melhores tons para os que nascem em qualquer dos graus de Câncer. O azul profundo, quase marinho, é a cor que pertence a Netuno; é excepcionalmente favorável aos que aniversariam no terceiro decanato de Caranguejo, entre 14 e 21 de julho.

Os cancerianos nascidos entre 4 e 13 de julho recebem a influência participante de Marte cujas cores são o vermelho, o escarlate, o púrpura e o carmesim. Estas tonalidades simbolizam o Fogo, o Espírito criador e o Amor Divino, e materialmente têm benéfica influência sobre o corpo físico, pois sua irradiação é vitalizante, reconstrutiva e recuperadora. Não devem, porém, ser usadas com exagero, mesmo pelos que são do último decanato e que, portanto, vibram, sintonizados com Marte. Todavia, quando empregadas com discrição, darão mais vitalidade, energia, combatividade e entusiasmo; usadas porém em excesso, se o momento astrológico for desfavorável, podem brutalizar, despertar as vibrações inferiores, grosseiras e materiais, prejudicando os cancerianos, que possuem uma extrema sensibilidade psíquica.

A magia das pedras e dos metais

São várias as pedras preciosas que podem trazer efeitos muito propícios para os cancerianos. Todos os cristais, principalmente nas tonalidades verde, azul e amarelo, são favoráveis, e entre eles os nativos de Câncer podem escolher o que mais seja do seu agrado. Também o berilo, na variedade conhecida como coríndon azul, ou berilo azul, é muito benfazejo e, segundo os antigos magos, tem o poder de trazer tranqüilidade à alma.

Também as pérolas, o nácar, a madrepérola e o coral branco, que pertencem à Lua, e, por extensão, a Câncer, podem os cancerianos usar a seu gosto. De acordo com a tradição, o coral dá muitas amizades, carinho e afeto. A pérola, tão nobre, simboliza a pureza e adquire um brilho especial no colo das mulheres sintonizadas com a Lua.

A prata é o metal lunar e os favorece especialmente. É metal extremamente sensitivo pois conserva-se vivo e belo, se bem tratado, e torna-se opaco e sombrio, quando não. Aliás, todos os metais são sensíveis e até mesmo um anel do mais puro ouro se torna escuro quando engavetado por muito tempo.

Nos cancerianos cuja saúde está em ordem, os ornamentos de prata, anéis, pulseiras, correntes, etc., mantêm seu brilho aristocrático; quando a vitalidade decresce ou quando ocorrem perturbações no sangue, eles escurecem completamente. A prata deve ser usada, e o será benignamente, tanto em objetos de adorno pessoal, como na ornamentação do lar; baixelas, talheres, enfeites, etc. No escritório de um canceriano deve sempre existir algo desse metal, seja um peso para papéis ou um tinteiro, que poderão servir de adorno e atrair as vibrações lunares.

A mística das plantas e dos perfumes

Frutas que contêm grande quantidade de água, como o melão, a melancia e o mamão estão sob o domínio da Lua, sendo o romântico salgueiro a sua árvore preferida. As flores a ela pertencentes são o lírio, o copo-de-leite, a açucena e a íris branca. Como Júpiter é altamente benéfico para todos os que nascem sob a influência estelar de Câncer, o jasmim também pode ser utilizado com resultados muito favoráveis.

As flores transmitem elevadas vibrações mais facilmente que as pedras preciosas, e purificam o ambiente com seu aroma. O canceriano poderá ter mais sorte se colocar em sua sala uma braçada de flores lunares do que se usar um caríssimo anel de pérola ou berilo.

Os perfumes atuais são feitos com elementos químicos e podem ser usados indistintamente por todos os tipos astrológicos, sem quase resultado prático algum, pois sua vibração é muito fraca. Aqueles, porém, marcados por Caranguejo, que quiserem atrair as irradiações favoráveis deste sinal, devem adotar os perfumes feitos com puras essências florais. E não basta aromatizar o corpo, e sim também, o ambiente. Alguns jasmins ou açucenas secas, mescladas com um pouco de mirra e queimadas num braseiro, trarão muita sorte, felicidade e prosperidade. Isto, naturalmente, deve ser feito sem nenhum propósito místico; apenas com o fito de aproveitar ao máximo as elevadas influências cósmicas relativas a Câncer e à Lua.

CÂNCER E OS SETE DIAS DA SEMANA

Segunda-Feira

A Lua é quem rege a segunda-feira, que também pertence a Câncer. Este dia, portanto, pertence ao móvel e psíquico elemento água que é responsável pelas fantasias, sonhos, crendices, e favorece as aparições e as comunicações com os nossos ancestrais. Por ser o Caranguejo um signo passivo, e a Lua, também de natureza passiva ou feminina, segunda-feira é dia em que todos sentem diminuída a vitalidade e são dominados pela irresistível necessidade de repouso; como se diz, é "dia de preguiça".

A segunda-feira é altamente favorável aos cancerianos, que a devem aproveitar para dar início ou andamento a todos os assuntos importantes, principalmente aos de características lunares. Como a Lua exerce influência especial sobre a vida doméstica, esse dia é o melhor para mudanças, limpezas gerais, novas arrumações, compra de móveis, cortinas, tapetes e qualquer elemento de decoração, bem como roupas de cama e mesa, objetos destinados ao uso culinário, etc.

A Lua favorece especialmente tudo o que se relaciona com a alimentação e a diversão pública. Nesse dia se deve tratar dos assuntos relacionados com bares, restaurantes, casas de frios, pizzarias, etc., assim como cinemas, circos, parques de diversões, boliches, clubes noturnos, hotéis e casas semelhantes. As vibrações lunares também estão ligadas às feiras, mercados, portos de mar, postos alfandegários, entrepostos de pesca, bem como à homeopatia, às questões legais relacionadas com herança e família, às repartições públicas, especialmente os departamentos de higiene e saúde e todos os seus funcionários, às organizações religiosas ou assistenciais. Pode a segunda-feira ser aproveitada para visitas, trato de negócios ou solicitação de favores. Também as empregadas domésticas estão sob a regência lunar, sendo este dia muito propício para a admissão de novas serviçais.

As pesquisas psíquicas e as reuniões de caráter espiritual têm, na segunda-feira, o seu melhor dia. É necessário, porém, acautelar-se contra os raios negativos da Lua, que podem induzir à mistificação, à obsessão e aos fenômenos alucinatórios.

Terça-Feira

A terça-feira está sob a vibração do agressivo e turbulento Marte. Como este planeta não tem nenhuma afinidade com a Lua, devem os cancerianos evitar, neste dia, as atividades afins com Câncer e Lua, tratando somente dos assuntos regidos pelas vibrações marcianas. A terça-feira, por possuir irradiações muito violentas, requer sempre muita cautela.

As consultas a médicos, cirurgiões, dentistas, oftalmologistas, etc., devem ser feitas então, pois Marte, além do seu grande poder vitalizante, também age beneficamente sobre todas as coisas ligadas à saúde e ao corpo físico. É dia igualmente propício a toda sorte de intervenções cirúrgicas, assim como para o início de qualquer tratamento de saúde.

Marte rege a indústria, o ferro, o fogo, a mecânica, os ruídos, a violência, a dor, o sangue, e a morte.

A terça-feira é boa para tratar de assuntos ligados a hospitais, prisões, fábricas, usinas, matadouros, campos de esporte, ferrovias, indústrias, e, também, quartéis e tribunais, pois Marte influencia os militares, homens de governo, juízes, e grandes chefes de empresa. Os cancerianos que mais podem aproveitar este dia são os que nasceram entre 4 e 13 de julho.

Quarta-Feira

A quarta-feira está sob a regência de Mercúrio e de sua oitava superior, Urano. A Lua se harmoniza muito bem com Mercúrio; não é hostil a Urano, mas tampouco tem afinidade com ele. Este dia, portanto, não é desfavorável aos cancerianos, que devem apenas ter um pouco de prudência quando tratarem dos assuntos ligados a Urano.

Mercúrio é o senhor da palavra escrita ou falada e protege as comunicações; documentos, cartas, livros, publicações e escritos de toda espécie. Rege, ainda, o jornalismo, a publicidade, as transações comerciais e as atividades artísticas principalmente relacionadas com circos e teatros. A quarta-feira também é propícia para as viagens, pois Mercúrio governa todos os meios de locomoção, à exceção do aéreo, que está sob a regência de Urano.

Urano domina sobre a eletrônica, rádio, televisão, cibernética, automobilismo, astronáutica, aeronáutica e todas as atividades onde intervenham a eletricidade, o movimento mecânico, as ondas de rádio e todas as formas de vibração mental, especialmente a telepatia.

Quinta-Feira

Júpiter, o benévolo deus dos deuses é quem domina sobre as quintas-feiras, favorecendo tudo o que diz respeito às relações humanas, desde que não envolvam transações comerciais.

Ele protege os noivados, namoros, casamentos, festas, reuniões sociais, comícios políticos, conferências, concertos, etc. Também sob sua regência estão todas as coisas ligadas ao Poder e ao Direito. Pode-se, pois, nas quinta-feiras, tratar de assuntos relacionados com juízes e tribunais, ou que dependam do governo, do clero ou das forças armadas. Também sob as irradiações jovianas estão os professores, os filósofos, os sociólogos, os cientistas, os economistas, os políticos e os grandes chefes de empresa.

Júpiter dá-se bem com a Lua e principalmente com Câncer que depois de Sagitário — seu trono zodiacal —, é o signo que oferece o campo magnético mais favorável às suas irradiações. Os mais favorecidos nas quintas-feiras são os que nascem no primeiro decanato de Caranguejo, entre 21 de junho e 3 de julho, e os que pertencem ao terceiro decanato, que vai de 14 a 21 de julho. Os que nascem nos dez dias do meio do signo de Câncer, devem agir com prudência nesse dia, pois Marte, que tem influência participante nesse decanato não se harmoniza com Júpiter.

Sexta-Feira

A sexta-feira tem a sua regência dividida entre Vênus e Netuno. Estes dois planetas têm grande afinidade com a Lua, podendo os cancerianos tratar, nesse dia, não só dos assuntos de características lunares como também venusianas e netunianas. Recomenda-se, todavia, um pouco de prudência aos cancerianos de entre 4 e 13 de julho, pois, recebendo também as irradiações de Marte, podem não ter muita sorte com os assuntos de Netuno.

Vênus rege a beleza e a conservação do corpo. A sexta-feira é favorável para a compra de roupas e objetos de adorno, para cuidar dos cabelos ou tratar de qualquer detalhe relacionado com a beleza e a elegância, masculina ou feminina. É dia propício às festas, reuniões sociais ou encontros entre amigos. Protege, também, namoros, noivados, artes e atividades artísticas. Os presentes dados ou recebidos neste dia são motivo de muita alegria, sejam eles flores, bombons, objetos de adorno ou de decoração, livros, roupas, etc.

Netuno rege, da mesma forma que a Lua, o psiquismo e o cerebelo. Rege, também, o sistema nervoso vegetativo, podendo provocar neuroses e psicoses. Sob sua influência estão todas as atividades ligadas ao serviço de assistência social, público ou particular. Domina sobre asilos, hospitais, orfanatos e casas de saúde, assim como sobre organizações ocultistas, espiritualistas, etc. Para atrair os benéficos raios netunianos, é bom agir com generosidade, pois Netuno ainda tem sob suas vibrações a pobreza, a doença e a miséria. A sexta-feira é quando, mais que em outros dias, não se deve negar a um desfavorecido ou doente alguma ajuda material ou um sorriso fraterno; e, naturalmente, em dia nenhum.

Sábado

O frio e morrinhento Saturno, filho do Céu e da Terra, não se harmoniza com quase nenhum dos seus irmãos planetários pertencentes ao nosso sistema solar, com exceção de Urano e Mercúrio, os dois planetas da inteligência. A Lua também não afina com os raios saturninos, assim como o signo de Câncer que é o setor zodiacal onde Saturno encontra seu exílio.

As irradiações deste planeta beneficiam os lugares sombrios ou fechados, tais como cemitérios, minas, poços, escavações e laboratórios; ou os locais de punição e sofrimento, recolhimento ou confinação, como cárceres, hospitais, claustros, conventos, hospitais de isolamento, etc. A lepra, as feridas e chagas, o eczema, a sarna e todos os males da pele pertencem-lhe, e o sábado é bom dia para iniciar ou providenciar seu tratamento.

Saturno também domina a arquitetura severa e a construção de edifícios para fins religiosos, punitivos ou sanatoriais, como igrejas, conventos, claustros, tribunais, orfanatos, penitenciárias, asilos, casas de saúde, etc. A ele também estão ligados os estudos profundos: a Matemática, a Astronomia, a Filosofia e também as Ciências Herméticas. Como filho do Céu e da Terra, Saturno também é o regente dos bens materiais ligados à terra: casas, terrenos, propriedades na cidade ou no campo, sendo o sábado favorável para a sua compra e venda.

Domingo

O Sol, que é o senhor do domingo, é o planeta da luz, do riso, da fortuna, da beleza e do prazer; e está sob sua influência tudo o que é original, belo, festivo, extravagante, confortável e opulento.

No domingo pode-se pedir favores de pessoas altamente colocadas, solicitar empréstimos ou tratar de qualquer problema financeiro. Pode-se, com êxito, pedir proteção ou emprego a políticos, clérigos ou financistas. É um dia que inclina à bondade, à generosidade e à fraternidade: favorece visitas, festas, reuniões sociais, conferências, namoros, noivados e casamentos. Favorece, ainda, a arte e todas as atividades a ela ligadas, assim como o trato com jóias, pedras preciosas e as antiguidades de alto valor, dominando sobre as suas transações ou exposições, mostras, concertos, etc.

No domingo os cancerianos tanto podem tratar as atividades ligadas à Lua como também assuntos solares, pois o Sol tem muita afinidade com Câncer e sua regente.

MITOLOGIA

Câncer

Há dois signos do zodíaco que são regidos por animais que participaram dos famosos trabalhos de Hércules. Eles são Câncer e Leão; o primeiro é o caranguejo que mordeu Hércules quando este tentava matar a Hidra de Lerna; o segundo é o leão dos bosques de Neméia que foi morto pelo herói.

Hércules, ou Héracles, como o chamavam os gregos, é uma das mais importantes figuras de lenda. Foi adorado por inúmeros povos antigos e tinha templos no Egito, na Grécia, na Índia, na Fenícia e dizem que até na Gália. Era conhecido sob vários nomes e cultuado de diversas formas. O apelido pelo qual é mais apontado e com o qual foi reverenciado por gregos e romanos é o de Hércules Tebano.

Seu nascimento deve-se a uma das muitas infidelidades de Júpiter, o deus dos deuses. Segundo a lenda, existia em Tebas uma bela princesa, Alcmena, por quem Júpiter se apaixonou. Tendo Anfitrião, marido de

Alcmena, partido para uma expedição às ilhas do mar Jônio, o deus dos deuses assumiu seus traços, foi recebido ternamente por Alcmena, que o julgou seu marido, e tornou-a mãe de Hércules e de seu irmão gêmeo, Íficlo. Este se eclipsou timidamente no céu da lenda, deixando todos os méritos para seu atlético irmão.

Juno, esposa de Júpiter, ficou enfurecida ao saber disso e enviou dois dragões para matarem o recémnascido; mas o pequeno Hércules os fez em pedaços, demonstrando com sua prodigiosa força que era realmente o filho de um deus. Pouco depois, como Alcmena, apavorada, tivesse fugido e abandonado o infante, Juno, compadecida, consentiu em amamentá-lo para torná-lo imortal. O menino sugou com tanto ímpeto o seio sagrado que o leite de Juno voou para os céus, criando a branca faixa estelar que chamamos Via-Láctea, que os gregos diziam ser a estrada que conduzia ao palácio de Júpiter.

Com o passar dos anos, Hércules foi se tornando cada vez mais belo e forte, e quando se tornou um adolescente resolveu retirar-se para meditar sobre a carreira que iria seguir. Apareceram-lhe, então, duas mulheres: uma muito bela, vestida de branco, e a outra, muito provocante, usando ricas roupagens coloridas. Elas eram a Virtude e a Volúpia, e ali estavam para que ele escolhesse com qual das duas desejaria seguir. Depois de leve hesitação, Hércules se decidiu pela Virtude e desprezou a ofendida Volúpia.

Logo apareceu ao jovem atleta a oportunidade de demonstrar sua coragem e sua força; uma jovem chamada Mícipe esperava um filho, e a infeliz Alcmena, que já voltara para junto de seu marido, também estava para ter uma criança. Tendo Júpiter jurado que a primeira das crianças que nascesse teria poder sobre a outra, Juno — sempre vingativa — adiantou o parto de Mícipe que deu à luz Eristeu. O menino ocupou o lugar de príncipe e futuro herdeiro, prejudicando assim o filho de Alcmena, nascido logo depois. Apenas se tornou maior, Eristeu, roído de inveja ante as façanhas de Hércules, desafiou-o então a realizar doze trabalhos considerados impossíveis; dentre eles o de matar a terrível Hidra de Lerna (dragão com corpo de réptil).

No território de Argos havia um charco denominado Lago de Lerna. Nesse poço de lama mefítica vivia uma monstruosa hidra, que dali saía para devastar campos e animais e depois voltava a se ocultar na lama. Segundo alguns autores a hidra tinha cinqüenta cabeças, segundo outros tinha apenas nove; de acordo com todos, porém, assim que uma cabeça era cortada outras duas nasciam em seu lugar, e ninguém conseguia exterminar o horrendo animal. Hércules lutou com ela e quando já estava prestes a matá-la, Juno, que ainda o odiava, ordenou a um caranguejo que desse uma violenta mordida no pé do herói. A despeito da dor, Hércules esmagou o animalzinho e em seguida conseguiu vencer a hidra, cortando e queimando todas as suas cabeças. A pedido de Juno, o caranguejo foi imortalizado no céu, na constelação de Câncer (ou Caranguejo).

Diana, a Lua

Júpiter certa vez se apaixonou por Latona, filha do Titã Coeus. Juno, que muito sofreu com as infidelidades do marido, ficou furiosa ao saber que Latona estava esperando um filho. Fez com que a Terra prometesse não dar abrigo a ela e à criança e ainda mandou a serpente Píton persegui-la e matá-la. Netuno, compadecido, bateu no mar com seu tridente e fez surgir, dos verdes abismos, a ilha de Delos onde Latona se refugiou. Ali, sob uma oliveira, ela deu à luz um casal de gêmeos: Diana e Apolo, a Lua e o Sol.

Diana, ou Ártemis, nasceu momentos antes de seu irmão, e assim teve oportunidade de testemunhar as dores sofridas por sua mãe. Isso a fez conceber tal aversão pelo casamento que não deu sossego a seu pai, Júpiter, enquanto este não lhe permitiu a graça de guardar virgindade perpétua. O deus dos deuses, a despeito de todas as suas infidelidades matrimoniais, amava muito a todos os seus filhos, legítimos ou não. Concedeu então a Diana a graça que já fizera a outra de suas filhas, Minerva, sua predileta, que também jurara guardar castidade eterna; e desde esse dia as duas jovens, por sua beleza e pureza, passaram a ser conhecidas como *virgens brancas*.

Júpiter presenteou Diana com um arco e umas flechas e fê-la rainha dos bosques. Diana tornou-se caçadora emérita e foi viver nas florestas, onde era acompanhada por um cortejo de formosíssimas ninfas, as Oceânias e as Ásias, das quais exigia absoluta castidade e obediência. Ela e o irmão, Apolo, amavam-se ternamente. Como um não queria ofuscar a glória do outro, ele reinava sobre o dia e ela era a senhora da noite. Quando Apolo, cansado, mergulhava seu carro de fogo nas profundezas do oceano, Diana então iniciava sua caminhada no céu, refrescando a terra que o irmão deixara aquecida com seu calor.

A deusa lunar era severa com suas ninfas, que costumava castigar duramente quando ousavam desobedecer às suas ordens. Era cruel e até mesmo vingativa com todos aqueles que se atreviam a desafiar sua vontade, e enviava secas, pestes, tempestades e epidemias para destruir homens, animais, campos e pastagens, se não lhe fossem prestadas as homenagens devidas. Ela e Apolo demonstraram toda a fria maldade dos deuses quando se vingaram de Níobe, a esposa de Anfíon, rei de Tebas. Segundo Hesíodo, Níobe tinha vinte filhos, dez rapazes e dez moças, e freqüentemente ofendia Latona com palavras de desprezo em virtude de esta só ter dois filhos, a Lua e o Sol. Latona, amargurada, queixou-se a eles e pediu-lhes que fizessem Níobe pagar por sua ironia e desprezo. Diana e Apolo aguardaram uma oportunidade que não tardou em chegar; certa ocasião, como os dez rapazes de Níobe estivessem numa planície, exercitando-se nas armas, o divino casal de gêmeos matou-os com suas flechadas. Ouvindo os gritos dos jovens, as filhas de Níobe correram para ver o que acontecia, e quando se aproximaram dos irmãos foram também mortas por Diana e Apolo, que assim vingaram os desaforos recebidos por sua mãe. Níobe dirigiu-se aos filhos mortos e não pôde articular palavra. Ficou imóvel como uma rocha, e só sabiam que estava viva porque as lágrimas escorriam em seu rosto, sem cessar. Um turbilhão arrebatou-a no ar e transportou-a para uma montanha da Líbia onde ela, transformada num bloco de mármore, perpetuamente úmido com seu pranto, até hoje chora o seu luto.

Apesar de seu voto de virgindade, Diana se apaixonou por Órion, o belo caçador. Foi um amor inútil, pois Aurora, que era quem abria as portas do céu para dar passagem ao carro de Apolo, já conquistara o coração do audacioso caçador; não sabendo melhor modo de tomar vingança, Diana matou Órion que foi imortaliza-do na constelação que leva seu nome. Amou também a Eudímion, um rapaz de extraordinária formosura que tinha conseguido de Júpiter o favor da juventude eter-na, através do sono perpétuo. Eudímion dormia numa gruta do Monte Latmos onde Diana ia visitá-lo todas as noites.

Na terra, além de Diana, davam também à deusa Lua o nome de Ártemis. No céu era chamada Febe e nos infernos era Hécate. Seus animais sagrados eram a corça e o javali. Ofereciam-lhe, em sacrifício, bois, vea-dos, carneiros e, às vezes, belas virgens, em lembranças das ninfas que compunham seu séquito.

ASTRONOMIA

A constelação de Câncer

Câncer é a quarta constelação zodiacal, e o Sol entra em seus limites a 21 de junho, solstício de verão. No Brasil, a entrada aparente do Sol em Câncer marca o início do inverno.

Câncer é uma constelação de tamanho e brilho muito modestos e é difícil de ser localizada. A estrela mais importante entre suas componentes é a alfa *Acubens*. As duas seguintes, que aliás se parecem muito, são *Asellus Borealis* e *Asellus Australis*, vulgarmente chamadas *os dois burrinhos*. Uma das menores estrelas de Câncer repousa exatamente sobre a linha da eclíptica e dela partem quatro misteriosos raios.

Na constelação de Caranguejo existe uma pequena nébula que foi batizada pelos astrônomos com o sugestivo nome de Presépio. Em astrologia, o signo de Câncer representa o pai, a mãe, a família, o meio no qual o nativo recebe sua primeira educação e onde sua personalidade é formada. A nébula Presépio simboliza bem o significado profundo de Câncer, pois está associada com a mais sagrada das famílias.

A Lua

A Lua é o corpo celeste mais próximo da Terra. Na verdade ela nos pertence diretamente, pois é um satélite do nosso planeta em torno do qual gira docilmente. Sempre foi a musa inspiradora dos poetas e dos apaixonados, a sacerdotisa das bruxas e dos feiticeiros e grande fonte de curiosidade e dor de cabeça para os astrônomos.

Ela é um corpo opaco e brilha porque reflete a luz do Sol. Tem sido objeto de cuidadosos estudos desde 1609, quando Galileu a olhou através das lentes do primeiro telescópio. O primeiro mapa lunar, um trabalho denominado *Selenografia*, data de 1647 e foi levantado por Johannes Hevelius que batizou diversas regiões da Lua. Giovanni B. Riccioli, em 1651, no seu *Almagestum Novum* contribuiu para essa tarefa dando nomes de filósofos e astrônomos famosos aos picos e vales lunares. Foi ele, também, quem chamou as misteriosas áreas escuras de *mares* ou *oceanos* e batizou-as de modo solene e clássico, como *Mare Imbrium*, *Oceanus Procellarum*, *Mare Crisium*, *Mare Serenitatis* e outros semelhantes, todos repassados da serena beleza da sabedoria antiga.

O tempo evoluiu, e hoje o telescópio usado por Galileu parece a lente de um míope, comparado aos gigantescos aparelhos atuais. A Lua, todavia, está muito próxima para poder ser focalizada por esses óculos colossais, que só servem para pesquisar as galáxias perdidas no imenso Universo. Assim, com aparelhamento especialmente construído, ela tem sido investigada, fotografada e analisada de mil formas. Até pouco tempo ela ainda tinha um mistério a ocultar: sua face jamais vista da Terra. Essa face oculta dava margens a inúmeras conjeturas fantasiosas. Alguns sugeriam que era habitada enquanto outros suspeitavam da existência de tremendos monstros em sua superfície. Alguns, interessados em discos voadores, sugeriam ser ela a base espacial de seres extraterrenos que viveriam em um planeta oculto por ela; chegaram a dar a esse planeta o nome de *Clarion*.

A Ciência, caminhando a passos largos, não demorou a terminar com todas essas fantasias. Em 1959 os observadores russos fotografaram seu outro lado que nada revelou de estranho, mostrando apenas os mesmos vales, picos e crateras que existem no lado voltado para nós. Os nomes dados a essas configurações da superfície lunar também vieram mostrar que a mente humana já não está mais presa aos clássicos. Os russos, com muito direito aliás, porque foram os autores da façanha fotográfica, deram nomes muito peculiares, tais como *Cratera Lomonosov, Mar de Moscou, Cratera Tsiolkovsky, Montanhas Soviéticas, Baía dos Astronautas*, etc...

As mais impressionantes visões lunares são suas gigantescas crateras. Algumas chegam a ter duzentos quilômetros de diâmetro, e suas paredes circulares atingem quase sete quilômetros de altura. Sua temperatura é muito variável. E. Pettit e S. B. Nicholson encontraram, no dia lunar 134° C, e na noite uma queda incrível para 153° C abaixo de zero. Estas oposições térmicas tão violentas parecem indicar que sua superfície é coberta por uma estranha camada de pó altamente isolante. Agora, o *Surveyor-3* acabou de registrar novas temperaturas: 401° C acima de zero, no dia lunar, e 124° C abaixo de zero, de noite.

Na verdade, pouco se sabe de positivo sobre essa nossa vizinha tão próxima. Sempre se supôs ser ela um corpo morto; no entanto, o astrônomo N. A. Zozyrev observou uma espécie de erupção no pico central da cratera Alphonsus, que tem pouco mais de um quilômetro de altura. É provável que fenômenos semelhantes ocorram em outros pontos pois outro astrônomo, J. A. Greenacre registrou manchas de um laranja-avermelhado perto da cratera Aristarchus, indicando efeitos plutônicos. Todavia, estes efeitos parecem mais pertencer a fontes quentes do que a vulcões. Não é prudente fazer uma declaração formal, pois na verdade, com toda a sua inteligência o homem nada sabe do que existe sob a superfície terrestre ou além da atmosfera do nosso globo. Apesar de todo o avanço da Ciência, os telescópios não nos dão grandes informações sobre os corpos celestes que nos olham placidamente nas noites bonitas. E quanto à Lua, evidentemente, algo misterioso acontece na superfície da fascinante Senhora da Noite. Mais do que nunca os pesquisadores da Lua estão curiosos, pois os pedaços de rocha arrancados pela escavadora do *Surveyor-3* se desintegraram antes que pudessem ser colocados num tripé especial e fotografados. Em menos de um minuto os fragmentos do solo lunar desapareceram misteriosamente, deixando atônitos os cientistas do Laboratório de Propulsão e Jato e, talvez até mesmo o cérebro eletrônico do Surveyor. Teriam mesmo se desintegrado, ou a mão de um selenita cauteloso os retirou do tripé, para evitar que os terrestres obtenham maiores informações?

ALGUNS CANCERIANOS FAMOSOS

Dercy Gonçalves — 23 de junho de 1907

Ivo Pitanguy — 5 de julho 1926

Princesa Diana — 1º de julho de 1961

Alexis Carrel — 28 de junho de 1873

Antoine Saint-Exupéry — 29 de junho de 1900

Calvino — 10 de julho de 1509

Ernest Hemingway — 21 de julho ele 1899

Françoise Sagan — 21 de junho de 1935

Giuseppe Garibaldi — 4 de julho de 1807

Jean Cocteau — 5 de julho de 1889

Jean-Jacques Rousseau — 28 de junho de 1712

Jean-Paul Sartre — 21 de junho de 1905

Josefina Beauharmais, primeira esposa de Napoleão — 23 de junho de 1763

La Fontaine — 8 de julho de 1621

Madre Cabrine — 15 de julho de 1850

Marcel Proust — 10 de julho de 1871

Maria Goeppert Mayer, Prêmio Nobel de Física — 28 de junho de 1906

Pearl S. Buck — 26 de junho de 1892
Pirandello — 28 de junho de 1867
Rembrandt — 15 de julho de 1606
Rider Haggard — 22 de junho de 1856